DAS ULTIMATIVE FOOTBALL GRILLBUCH

Andreas Rummel · Fotos Dirk Tacke

DAS ULTIMATIVE FOOTBALL GRILLBUCH

DIE BESTEN REZEPTE RUND UMS SPIEL

NAPOLEON

CHRISTIAN

»ES DAUERT 20 JAHRE, UM EINEN RUF AUFZUBAUEN, UND 5 MINUTEN, UM IHN ZU RUINIEREN.«

Peyton Manning, Denver Broncos

INHALT

LIEBE FOOTBALLBEGEISTERTE!

Mit diesem Buch habe ich mir einen kleinen Traum erfüllt, denn ich konnte damit zwei meiner größten Leidenschaften verbinden: American Football und Essen, respektive das Grillen.

Seit mehr als 20 Jahren bin ich Football-Fan. Es ist für mich, um es salopp zu sagen, der »geilste Sport« überhaupt oder, anders ausgedrückt, »Schach auf dem Rasen, kombiniert mit einem schnellen, körperbetonten Spiel«. Bei keiner Sportart kann ich so mitfiebern, schimpfen und mich ebenso freuen.

Das erste Mal habe ich als Kind von American Football gehört, mehr nicht. Denn ich bin in der damaligen DDR aufgewachsen, und da war meine Chance gleich null, etwas Genaueres darüber zu erfahren. Mein damals fast 90-Jähriger Nachbar erzählte mir, dass unser Dorf im Südharz zum Kriegsende von amerikanischen Soldaten besetzt war. Diese spielten regelmäßig auf der Dorfwiese eine Sportart mit einem komischen Lederei. Die Dorfjugend begnügte sich damit, die Soldaten beim Football zu beobachten. Ein paar Tage bevor die Amerikaner abzogen, stibitzte mein Nachbar den Lederball, und die Jungs versuchten, das nachzuvollziehen, was sie etliche Male vorher beobachtet hatten. Es war ein großes Chaos ohne Regeln, aber wer weiß, was gewesen wäre, hätten die Jungs von damals ein bisschen besser aufgepasst.

Mitte der 1990er-Jahre besuchte ich die Spiele der NFL Europe und der FLE, der Football League of Europe, und sah mir mit wachsender Begeisterung das ein oder andere Bundesligaspiel an. 1994 sah ich in Berlin die New York Giants gegen die San Diego Chargers – und von da an war es um mich geschehen: Ich war dem Football-Virus verfallen.

Ich genoss die Tailgate- und Pregame-Partys bei Heimspielen der Frankfurt Galaxy und erlebte die grandiose Stimmung im Stadion. Ich lud Freunde ein und feierte meinen Geburtstag im Stadion. Wer dann Werner Reinke, dem Stadionsprecher der Galaxy, gesteckt hat, dass ich Geburtstag habe, weiß ich nicht. Woran ich mich aber bis ins Detail erinnere, ist die La-Ola-Welle, die es für mich persönlich im mit über 50.000 Menschen besetzten Waldstadion gab. Ich bekomme jetzt noch eine Gänsehaut, wenn ich daran denke.

Bei den Partys rund um den Sport konnte ich meiner Grillleidenschaft frönen und versorgte Freunde und Gäste mit leckerem Fingerfood zum Spiel. Seit der Saison 2017 bin ich oft zu Heimspielen der New Yorker Lions in Braunschweig, um dort Grillwettbewerbe zur Pre-Game-Party zu begleiten. Dabei ist mir die Idee zu diesem Buch gekommen. Denn was passt schon besser zusammen als Footballschauen und Grillen?

Ich habe die passenden Rezepte aus den Stadien der NFL und ein paar Eigenkreationen zusammengetragen, das Ganze mit ein bisschen Klugscheißer-Wissen rund um das Lederei gekoppelt – und schon war das Werk fertig.

In diesem Buch sind Rezepte für den Anfänger bis zum Fortgeschrittenen vereint. Man muss sich nicht an alle Rezepte und Zutaten sklavisch halten. Betrachten Sie meine Kompositionen auch als Anstoß für Ihre eigene Kreativität – ich wünsche viel Spaß mit diesem Buch.

LIEBE GRILLFREUNDE!

Während der aktiven Zeit meiner Footballkarriere als Tight End von 1985 bis 2007, in Europa unter anderem bei den Red Barons Cologne, in der Football World League/ NFL Europe bei Frankfurt Galaxy und bei den Cologne Centurions sowie auch in den USA bei den College Sacramento State Hornets, den San Diego Chargers, den Detroit Lions und den Las Vegas Outlaws, habe ich viele Stadien kennengelernt.

Im Idealfall stand ich als Spieler auf dem Feld oder verfolgte das Spiel als Mitglied des aktiven Kaders von der Seitenlinie. Aber ich war auch oft genug einfach nur Gast, um das Spiel als Zuschauer von den Rängen aus zu verfolgen.

Wie so viele andere auch genoss ich dann vor dem Spiel die Tailgating-Partys, auf denen die Fans auf dem Parkplatz grillten, spielten, sich mit Liebe und Begeisterung für ihr Team auf das Spiel freuten und einfach nur Spaß hatten. Als kulinarisch interessierter Mensch verfolgte ich nicht nur das Geschehen auf dem Rasen, sondern probierte mich auch durch die diversen Cateringstände im Stadion. Dort sah ich natürlich die Klassiker wie Hotdog, Burger und Pulled pork, aber auch innovative und leckere Gerichte habe ich dort kennengelernt, die ich dann versucht habe, bei der nächsten Grillparty zu Hause umzusetzen. Das gelang mir mehr oder weniger gut.

Auch heute vergeht kaum ein Wochenende, an dem das Thema Football nicht irgendwie präsent ist – entweder bei meinen Aktivitäten in der Bundesliga oder beim Verfolgen eines Footballspiels im Fernsehen. Letzteres macht natürlich am meisten Spaß, wenn man ein paar Freunde zu sich nach Hause einlädt und zusammen grillt. Denn Grillen und Football gehören nun einmal zusammen wie das Amen in der Kirche.

Erstes Treffen: Werner Hippler und Andreas Rummel anlässlich des German Bowl XVII 1995 in Braunschweig

Umso mehr habe ich mich gefreut, Andreas wieder zu treffen, der mir von seinem neuen Projekt, dem Football-Grillbuch, erzählte. Ich war sehr neugierig und habe mittlerweile schon einige seiner Rezepte nachgegrillt. Und ich habe gemerkt: Mit diesen Rezepten wird man schnell zum Held am Grill bei jeder Grillparty.

Viel Spaß beim Grillen
wünscht Werner Hippler

87
NEW YORKER

SPIEL-GENUSS

Eine der schönsten Nebensachen beim Football – neben den Cheerleadern – ist das Essen vor und während des Spiels. Bei kaum einer Sportart wird vor, während und auch nach dem Spiel so viel gegessen wie beim Football.

Fingerfood für zwei bis zehn Finger ist das Motto, denn für jeden Football-Fan ist es eine Qual, wenn er brav am Tisch sitzen muss, während im Hintergrund ein Spiel seines Lieblingsteams läuft.

Den Anfang macht das Tailgating vor dem Stadion, und später kommt man im Stadion sowohl bei der Pre-Game-Party als auch während des Spiels mit Hotdogs, Burgern und anderen kreativen Spezialitäten auf seine Kosten.

Kulinarisch gesehen gerät man nicht bei allem in Entzücken, was dort so angeboten wird, aber da sieht man schon mal drüber weg, denn der Gesamteindruck, die Stimmung und das Feeling drumherum machen es dennoch zu einem Genuss.

Eine wunderbare Freizeitbeschäftigung ist auch der Football-Nachmittag mit Freunden zu Hause, für den der Gastgeber natürlich schon Snacks und Dips vorbereitet hat. Es wird gegrillt, man hat Spaß und freut sich gemeinsam aufs Spiel.

In Deutschland wird die Party aufgrund der Zeitverschiebung auf den späten Nachmittag und frühen Abend verlegt, denn die Übertragung beginnt um 18:30 Uhr. Der Vorteil: Man kann die Leftovers vom Mittagessen noch in leckere Kleinigkeiten verwandeln.

QUARTERBACK SNACK

TAILGATE DOG

FUMBLED EGGS

FOOTBALL UND ESSEN

Football und Essen sind in Nordamerika untrennbar miteinander verbunden. Nicht nur auf den Tailgate-Partys vor dem Stadion werden leckere Gerichte vom Grill zubereitet und verzehrt, sondern auch zu Hause, wenn ein Football-Spiel im Fernsehen übertragen wird, gehört Essen einfach dazu. Auch ich setze mich nicht »An jedem verdammten Sonntag« – so der Name eines Kinofilms über Football – vor den Fernseher, ohne mir zumindest ein Sandwich zubereitet zu haben.

In den Vereinigten Staaten findet man zig verschiedene Magazine, Bücher und hunderte Beiträge im Internet, die nur das eine Thema haben: Was bitte gibt es zu essen, wenn Football im Fernseher läuft? Doch damit nicht genug: In Fernsehshows stellen prominente Spieler und Trainer ihre Lieblingsrezepte vor und kochen um die Wette.

Auch die Entwickler von Merchandise-Produkten für die Liga sind sehr kreativ. Es gibt kaum noch Küchengeschirr oder -zubehör, Snackschalen, Spieße, Tassen oder Gläser, auf denen nicht das Logo einer Football-Mannschaft prangt.

Wie es eine amerikanische Tradition geworden ist, zu Thanksgiving gemeinsam mit der Großfamilie einen Truthahn zu verspeisen, so versammelt man sich am Superbowl Sunday mit Freunden vor dem Fernseher und verzehrt Chickenwings, während im TV Football läuft. Die Kombination von Football und Food – und da meine ich nicht nur Snacks auf der Couch, sondern komplette, meist gegrillte Mahlzeiten – ist zur Selbstverständlichkeit geworden wie das Amen in der Kirche. Und wen verwundert es: So ein Spiel kann gut und gerne auch mal 3 ½ bis 4 Stunden dauern, da bekommt man zwischendurch Hunger. Gekonnt wird dies von den Fernsehmachern unterstützt, denn durch die zahlreichen Werbeunterbrechungen kann man sich in Ruhe um die Essenszubereitung kümmern, ohne Angst zu haben, etwas zu verpassen.

So hat das Spiel auch Einzug in den Alltag gehalten. Man trifft sich mit Freunden oder im Kreis der Familie zum Grillen, und wenn dann plötzlich ein Football auftaucht, werden im Garten die besten Spielzüge des letzten Superbowl nachgespielt. Typische Gerichte zum Football sind beispielsweise Chickenwings, Spareribs, Burger und Hotdogs – zusammengefasst eigentlich alles, was man ohne Besteck essen kann.

Allein am Superbowl-Sonntag wird Guacamole aus etwa 35 Millionen Kilogramm Avocados, 4000 Tonnen Popcorn und 6 Millionen Kilogramm Kartoffelchips verzehrt. Auch die Pizza-Lieferdienste haben Hochkonjunktur: Beim Superbowl 2017 wurden 42 Millionen Pizzen bestellt. Und Bier wurde so viel getrunken, dass man damit 2000 Olympische Schwimmbecken hätte füllen können, was eine Erklärung dafür sein könnte, dass sich etwa 25 Millionen Amerikaner am Tag nach dem Superbowl krank meldeten.

Immerhin nimmt der durchschnittliche Superbowl-Fernsehzuschauer 1200 Kilokalorien zu sich. Allein die Kartoffelchips tragen mit insgesamt rund 30 Milliarden Kilokalorien dazu bei. Ihr Fettgehalt von rund 1,8 Millionen Kilogramm Fett entspricht dem Gewicht von 12.000 jeweils etwa 150 Kilogramm schweren NFL Offensive Linemen.

NAPOLEON
Riddell
NAPOLEON
Wiederaufbau
80

88

WAS IST TAILGATING?

Meine ersten Tailgate-Erfahrungen machte ich Mitte der 1990er-Jahre. Ich besuchte regelmäßig Spiele der Frankfurt Galaxy, die damals im Rahmen der NFL Europe spielten. Es war üblich, dass die amerikanischen und auch ein paar deutsche Spieler in der NFL-freien Zeit in den USA spielten. Als ich das erste Mal über den Parkplatz vorm Stadion lief, war ich sehr verwundert: Dort standen zahlreiche Menschen, redeten miteinander, grillten an der offenen Kofferraumklappe, warfen sich Pässe zu und amüsierten sich köstlich, sodass ich dachte: »Oh, wenn die hier schon grillen, gibt es vielleicht im Stadion nix zu essen.« Also wollte ich eine Wurst schnorren. Doch bei diesem Versuch klärte mich lächelnd und sehr nett ein Mitglied der damals im Rhein-Main-Gebiet stationierten US-Streitkräfte auf, dass ich mir keine Sorgen machen muss. Er reichte mir einen frisch gegrillten Burger und weihte mich in die Geheimnisse des Tailgating ein.

TAILGATING-PARTY HEISST KOFFERRAUMPARTY

Tailgating ist eigentlich ein Treffen von Fans und Freunden, das auf einem Parkplatz vor einem Stadion um geöffnete Kofferräume herum stattfindet. Und vor dem einen oder anderen Auto wird gegrillt. Fingerfood, das man unkompliziert essen kann, steht bei Tailgate-Partys hoch im Kurs. Serviert werden Grillklassiker wie Burger und Hotdogs, aber auch alles, was sonst bei einem Picknick dabei ist: Salate, Sandwichs und Cracker mit Guacamole und Käsedips. Fehlen dürfen natürlich auch nicht die unterschiedlichsten Fanartikel wie Team-Fahnen, Sticker und Gesichtsschminke in den Mannschaftsfarben. Obwohl in den USA der Genuss von Alkohol in der Öffentlichkeit verboten ist, wird auf den Tailgate-Partys auch Alkohol getrunken. Die Leute konsumieren Wein, Bier und sogar Cocktails

Ungefähr 3 Stunden vor dem Spiel treffen die ersten Pick-ups und Kombis auf dem Parkplatz ein. Innerhalb von 30 Minuten ist alles aufgebaut: Grill, Campingtisch und Stühle, Kühlbox mit Getränken und Musik. Dann geht's los. Manche spielen Beer Pong, Cornhole und andere typische Tailgating-Spiele. Andere schnappen sich einen Football und werfen sich ein paar Pässe zu, und der Rest diskutiert, ob wohl das jeweilige Lieblingsteam heute gewinnt. Nicht selten sind auch mit einem Generator betriebene und mit einer Satellitenschüssel ausgestattete Fernseher mit am Start. Die Partys werden auch von Leuten besucht, die nicht am eigentlichen Sportevent interessiert sind, sondern nur wegen der Tailgating-Party vorbeischauen.

Das Thema Tailgating hat in den USA auch eine große wirtschaftliche Bedeutung. Es gibt unzählige Tailgating-Fernsehshows, -Magazine und Händler, die einfach alles verkaufen, was zum zünftigen Tailgating dazugehört – Kühlboxen, Generatoren und Grills, die man beispielsweise auch auf eine Anhängerkupplung schrauben kann. In Deutschland steckt das Tailgating noch in den Kinderschuhen. Doch zahlreiche Grillhersteller bieten die passenden Grills und weiteres brauchbares Zubehör zum Outdoor-Cooking an. Ich selbst bin mit meinem Partner »Napoleon Grills« unterwegs und gestalte sogenannte Tailgating-Wettbewerbe im Rahmen von Football-Bundesliga-Spielen, beispielsweise in Braunschweig bei den New Yorker Lions.

GERMAN FOOTBALL LEAGUE

Das Spiel mit dem Lederei hat Deutschland längst erobert. Auch hier wird American Football in zahlreichen Ligen unter dem Dach des American Football Verband Deutschland e. V. (AFVD) gespielt. Ausgetragen wird das Spiel nach den deutschen Regeln des AFVD, die auf den Regeln des College Footballs der NCCA basieren.

Die 1. American Football Bundesliga ist in der GFL, der German Football League, organisiert und in eine Nord- und Südgruppe unterteilt. Diese jeweils acht Mannschaften spielen unter sich eine eigene Tabelle aus. Nach der regulären Saison spielen jeweils die vier besten Mannschaften der jeweiligen Tabelle in den Play-offs. Diese gipfeln dann im Spiel um die Deutsche Football-Meisterschaft, dem German Bowl. Das erfolgreichste Team der GFL sind die New Yorker Lions aus Braunschweig, die seit ihrer Teamgründung im Jahr 1994 bereits elfmal den German Bowl gewannen.

GFL NORD

Berlin Adler
Berlin Rebels
Dresden Monarchs
Cologne Crocodiles Köln
Hamburg Huskies
Hildesheim Invaders
Kiel Baltic Hurricanes
New Yorker Lions Braunschweig

GFL SÜD

Allgäu Comets
Frankfurt Universe
Marburg Mercenaries
Munich Cowboys München
Ingolstadt Dukes
Saarland Hurricanes
Schwäbisch Hall Unicorns
Stuttgart Scorpions

Ich kann nur jedem empfehlen, egal ob er an Sport interessiert ist oder nicht, einmal ein Football-Spiel in Deutschland zu besuchen. Denn es ist nicht nur das Spiel, welches begeistert und einen mitreißt, sondern auch die Stimmung drumherum. American Football ist ein Ereignis für die ganze Familie.

Ich selbst nehme oft Freunde und Bekannte mit zum Spiel. Obwohl sie in der Regel von Football gar keinen Schimmer haben, sind sie begeistert. Die meisten Teams geben sich im Rahmen ihrer Möglichkeiten sehr viel Mühe, um ihren Football-Nachmittag zu einem Erlebnis werden zu lassen. Vorreiter in Sachen Pre-Game-Party sind die New Yorker Lions aus Braunschweig. Dort kann man auf einer Art Übungsparcours auch in das Training der Spieler reinschnuppern. Kleine Tailgating-Grillwettbewerbe und zahlreiche Stände stimmen die Fans auf das Spiel ein.

GFL VERSUS NFL

Ich werde oft gefragt, wie es wäre, wenn ein erfolgreiches Team der GFL gegen eine NFL-Mannschaft antreten würde. Die Leistungsunterschiede sind natürlich sehr groß. Hier bietet sich ein Vergleich mit dem Lieblingssport der Deutschen, Fußball, an: Stellen Sie sich vor ein Bundesligist spielt gegen eine Mannschaft aus der Kreisliga.

Allein durch die physische Überlegenheit der NFL-Spieler hätte das deutsche Team keine Chance, und es würde auch unweigerlich zu schweren Verletzungen kommen, was natürlich niemand will.

Wilson
LIONS

HOME OF THE FAITHFUL
COMCAST BUSINESS. BUILT FOR BUSINESS

»EIN CHAMPION IST EINFACH JEMAND, DER NICHT AUFGAB, ALS ER WOLLTE.«

Tom Landry, Dallas Cowboys

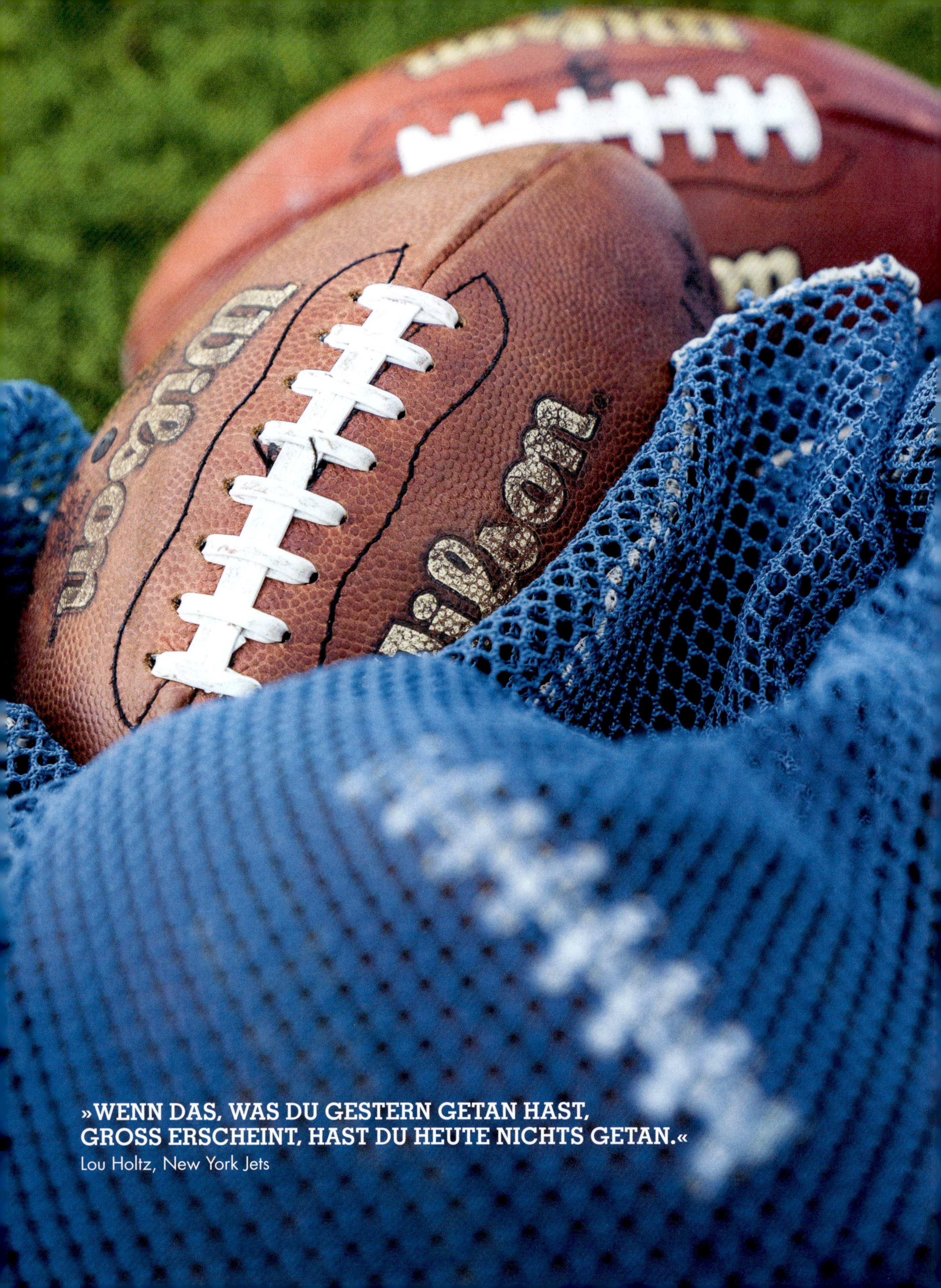

»WENN DAS, WAS DU GESTERN GETAN HAST, GROSS ERSCHEINT, HAST DU HEUTE NICHTS GETAN.«

Lou Holtz, New York Jets

SUPERBOWL, DAS SPIEL DER SPIELE

Der Superbowl ist das größte Einzelsportereignis der Welt. Er ist das Endspiel zwischen den Siegern von AFC und NFC und findet in der Regel am ersten Sonntag im Februar statt, dem Superbowl Sunday.

Mit sechs Siegen bis zum Jahr 2017 sind die Pittsburgh Steelers das derzeit erfolgreichste Team. Am häufigsten, und zwar zehnmal, haben jedoch die New England Patriots am Superbowl teilgenommen.

Der bislang erfolgreichste Trainer ist Bill Belichick. Er hat sieben Teams zum Sieg geführt: zweimal die New York Giants und fünfmal die New England Patriots.

Die erfolgreichsten Spieler mit jeweils fünf Siegen sind Charles Haley und Tom Brady. Der Linebacker und Defensive End Charles Haley gewann zwischen 1989 und 1996 zweimal mit den San Francisco 49ers und dreimal mit den Dallas Cowboys. Der Quarterback Tom Brady holte fünfmal den Titel mit den New England Patriots.

TV Bis zu 150 Millionen Amerikaner verfolgen das Spiel am heimischen Fernsehgerät. Weltweit hat der Superbowl bis zu 1 Milliarde Zuschauer.

Appetit 50 Millionen Dollar werden in den USA am Superbowl-Sonntag für Nahrungsmittel ausgegeben.

Merchandise 250 Millionen Dollar investieren die Fans in Superbowl-Fanartikel.

Party Durchschnittlich nehmen 17 Menschen an einer der unzähligen Superbowl-Partys in den USA teil.

Eintrittskarten 700 US-Dollar zahlte ein Besucher 2013 für ein Ticket beim Public Viewing vor dem Superbowl-Stadion. 550 Dollar kostete 2013 ein Parkticket rund um den Superdome in New Orleans.

Mindestens 500 Dollar musste man 2014 für das Spiel hinblättern – das war die billigste Eintrittskarte, nach oben kennt der Preis kaum Grenzen. Der Besuch in einer Loge kostet schnell mal einen sechsstelligen Betrag. Da denkt man gerne an »die gute alte Zeit«: Beim ersten Superbowl 1967 waren die Tickets für 6, 8 und 12 Dollar zu haben. Bis 1984 ist der Preis dann bereits auf 55 Dollar gestiegen.

Beim Superbowl 50 im Levi's Stadium in San Francisco kostete die teuerste Loge 465.000 Dollar. 22 Personen finden in ihr Platz. Im Preis inbegriffen sind Getränke und Essen. Zudem trifft man ehemalige NFL-Stars. Das teuerste jemals verkaufte Einzelticket kostete 16.355 Dollar.

Werbung Die Preise für einen 30-Sekunden-Werbespot während des Superbowl sind im Lauf der Jahre ebenso enorm wie die Eintrittskartenpreise gestiegen. 1967 kostete so ein Spot umgerechnet 34.500 Euro, 2015 muss ein Unternehmen 4,8 Millionen Euro bezahlen, damit während des Superbowl seine Werbung im TV läuft.

206 Millionen Dollar generiert die NFL am Superbowl-Sonntag mit Werbung. Die Firmen produzieren ihre oft aufwendigen Werbespots eigens für diesen Tag.

Wetten 3,9 Milliarden Dollar werden in den USA auf den Superbowl 50 gesetzt.

Hangover 20 Prozent mehr Kopfschmerztabletten werden am Montag nach dem Finale abgesetzt. In den USA wurde diese »Krankheit« deshalb »Superbowlitis« getauft.

Trophäe Wer den Superbowl gewinnt, dem gebührt neben Ruhm und Ehre ein besonderer Pokal. Die »Vince Lombardi Trophy« stellt einen Football in Originalgröße nach – mit dem Unterschied, dass der silberne Football 25.000 Dollar wert ist und vom Juwelier »Tiffany & Co.« hergestellt wird. Die Trophäe ist nach Vince Lombardi benannt, dem Trainer der Green Bay Packers, der Mannschaft, die als erstes den Superbowl gewann.

Zudem werden 150 goldene und mit Diamanten besetzte Superbowl-Ringe jährlich an das Siegerteam verteilt. Der Wert eines Rings beträgt etwa 5000 Dollar. Die Titelprämie beläuft sich pro Spieler auf 83.000 Dollar.

Trost Der Verlierer des Superbowl bekommt 49.000 Dollar – pro Spieler.

Der Ball wird aus Kuhleder gefertigt. Die Chance einer Kuh, als Football beim Superbowl zu enden, ist 1:17,4 Millionen.

Spieldauer Ein Spiel dauert im Durchschnitt 3 Stunden, die Zeit, in der der Ball effektiv bewegt wird, beträgt etwa 11 Minuten.

Wasserverbrauch Während der Spielpausen ist der Wasserverbrauch so hoch, das in manchen Städten das Leitungsnetz nicht ausreicht.

Gigantische Halbzeitshow
Pyrotechnik und außergewöhnliche Band-Acts machen die Halbzeitpause zu einem eigenen Highlight. Diverse Stars aus der Musikszene darunter Michael Jackson, Katy Perry, Madonna, Aerosmith und Coldplay traten schon in der Halbzeit auf. Berühmtheiten wie Lady Gaga werden zum Singen der Nationalhymne engagiert.

Seit im Jahr 2004 die Brust von Janet Jackson kurz während der Show von Justin Timberlake entblößt wurde, werden alle Live-Auftritte im US-Fernsehen mit einer 5-sekündigen Verzögerung gesendet. Das Ereignis ging als Nippelgate in die Fernsehgeschichte ein.

Football-verrückt Einer amerikanischen Umfrage zufolge würden 15 Prozent der Bevölkerung zugunsten des Superbowl die Geburt ihres eigenen Kindes versäumen, sogar 19 Prozent würden die Beerdigung eines geliebten Menschen verpassen.

»GEWINNEN IST NICHT DIE WICHTIGSTE SACHE, ES IST DIE EINZIGE.«

Vince Lombardi, Green Bay Packers

NEWYORKER
10
4
OX

TEXANS
99

LIONS

11
77
99

NEWYORKER

You'll never...
TOUCHDOWN
PRESENTED BY: NEWYORKER
...walk alone!

ESSEN IM STADION

Jede Region, genau genommen jedes Stadion, in dem Spiele der NFL ausgetragen werden, hat ihre Eigenheiten. Das können Tradition und Charakter des Teams sein, aber auch die Fans und das Speisenangebot im Stadion tragen zur Atmosphäre bei.

Ich habe mir vor allen Dingen die Gerichte etwas genauer angeschaut und recherchiert, was es Besonderes an den Foodständen in den Stadien gibt. Dabei bin ich auf sehr schmackhafte und interessante Gerichte gestoßen, aber es waren auch Speisen dabei, die mich nicht angesprochen haben.

Da ich nicht alle Stadien selbst besuchen und das kulinarische Angebot dort testen konnte, habe ich Kontakt zu den dortigen Caterern aufgenommen, um ihre Rezepte zu bekommen. Auch habe ich mit Fans gesprochen und sie gebeten, Fotos zu machen. Anhand der Aufnahmen von den Gerichten habe ich versucht, mithilfe meiner Erfahrungen und kulinarischen Fähigkeiten nachzuvollziehen, wie sie zubereitet wurden.

Bei den Stadien, in denen ich das Food-Angebot nicht interessant fand, habe ich Mahlzeiten aus der entsprechenden Region ausgewählt oder passende Gerichte kreiert. Die Bandbreite der Rezepte reicht vom ursprünglichen BBQ über Burger- und Hotdog-Varianten bis hin zu typischen Gerichten, die die Einwanderer aus ihrer Heimat mitgebracht haben. So steht der Po Boy für New Orleans, und die Chickenwings sind typisch für Buffalo. In den küstennahen Städten dürfen dagegen Gerichte mit Fisch und Meeresfrüchten nicht fehlen. Sie sind in dem Buch genauso vertreten wie die klassische Tex-Mex-Küche.

RAYMOND
JAMES BURGER

SLOPPY
JOE

PIGSKIN
POTATOE

ny
JETS

DIE 32 NFL-TEAMS

Die 1920 gegründete National Football League (NFL) ist die weltweit bekannteste Profiliga im American Football. Sie besteht aus 32 Teams, die als Franchiseunternehmen in der National Football Conference (NFC) und der American Football Conference (AFC) organisiert sind. Beide Zusammenschlüsse sind wiederum in je vier Divisionen – Ost, West, Süd und Nord – unterteilt.

Aus über 16 regulären Ligaspielen und anschließenden Play-offs wird Ende Februar im Superbowl der Sieger der Liga gekürt, der sich dann auch World Champion nennen darf.

AFC

EAST	NORTH	SOUTH	WEST
Buffalo Bills	Baltimore Ravens	Houston Texans	Denver Broncos
Miami Dolphins	Cincinnati Bengals	Indianapolis Colts	Kansas City Chiefs
New England Patriots	Cleveland Browns	Jacksonville Jaguars	Oakland Raiders
New York Jets	Pittsburgh Steelers	Tennessee Titans	Los Angeles Chargers

NFC

EAST	NORTH	SOUTH	WEST
Dallas Cowboys	Chicago Bears	Atlanta Falcons	Arizona Cardinals
New York Giants	Detroit Lions	Carolina Panthers	San Francisco 49ers
Philadelphia Eagles	Green Bay Packers	New Orleans Saints	Seattle Seahawks
Washington Redskins	Minnesota Vikings	Tampa Bay Buccaneers	Los Angeles Rams

BUFFALO BILLS

AFC EAST

New Era Field, 71.608 Plätze

Maskottchen Billy Buffalo, ein 2,40 m großer blauer Bison, der ein Jersey-Shirt mit der Nummer BB trägt.

Cheerleader Buffalo Jills, allerdings verklagten sie im Jahr 2014 die Bills und die NFL wegen unbezahlter »Jubelstunden« und stellten ihre Tätigkeit für das Team ein. Der Rechtsstreit war bei Redaktionsschluss des Buchs noch nicht beigelegt. Jedoch sind die Buffalo Bills nicht das einzige Team, das verklagt wurde. Auch bei anderen Teams laufen Verfahren über die Bezahlung der Cheerleader.

Teamfarben Königsblau, Rot, Weiß, Marineblau

Im Gegensatz zu allen anderen Teams, die ihrem Namen nach aus New York kommen, sind die Buffalo Bills das einzige Team von dort, das seine Heimspiele in der Stadt Ochard Park im Bundesstaat New York austrägt.

Die Mannschaft erreichte von 1991–1994 viermal hintereinander den Superbowl, musste jedoch vier Niederlagen hinnehmen.

Für die Stadt Buffalo sind die Chickenwings ähnlich bedeutsam wie die Weißwurst für München. In den USA sind die Hähnchenflügel unter dem Namen Buffalo Wings bekannt. Sie sind ein beliebter Snack beim sonntäglichen Football-Nachmittag vor dem Fernseher. Die Stadt Buffalo erklärte 1977 den 29. Juli zum Chicken Wing Day, der mittlerweile in den ganzen USA gefeiert wird.

Es war Teressa Bellissimo, die die Wings das erste Mal am 30. Oktober 1964 in der Anchor Bar in Buffalo zubereitete. Die Bar, das Mekka der Chickenwings-Fans, hat sich zu einer beliebten Touristenattraktion entwickelt.

Die Hähnchenflügel, aus denen die Chickenwings zubereitet werden, haben in den USA die bis in die 1980er-Jahre als wertvollstes Teil des Geflügels geltenden fleischigen Brüste überholt. Heute gelten sie als teuerster Teil des Hähnchens.

Ohne die Buffalo Chicken Wings wäre der Superbowl in den USA nicht vorstellbar. Ende Januar ziehen die Preise für Chickenwings kräftig an, und laut dem nicht ganz ernst gemeinten »Wing Report« des National Chicken Council werden etwa 1,3 Milliarden Chickenwings zum Superbowl verzehrt.

SIRLOIN TATAKI

FÜR 8 PERSONEN ALS VORSPEISE
ZUBEREITUNG: 30 MINUTEN
SCHWIERIGKEIT: ✪✪✪

1 Knoblauchzehe
abgeriebene Schale von
1 unbehandelten Zitrone
frisch gemahlener Pfeffer
400 g Roastbeef
Salz
1 EL Parmesanspäne
2 EL Olivenöl

1. Die Knoblauchzehe halbieren und mit den Schnittflächen acht Teller einreiben. Die Teller mit der Zitronenschale und Pfeffer bestreuen. Das Fleisch von allen Seiten auf dem Grill bei hoher Temperatur direkt scharf anbraten, damit die Außenflächen des Roastbeefs Röstaromen annehmen. Das Fleisch soll im Inneren nicht garen.

2. Das Roastbeef vom Grill nehmen und mit einem scharfen Messer in sehr dünne Scheiben schneiden. Diese dann ausstreichen oder plattieren und auf den Tellern verteilen. Zum Abschluss das Carpaccio salzen, pfeffern, mit den Parmesanspänen bestreuen und mit Olivenöl beträufeln.

CHICKEN-WINGS

FÜR 4 PERSONEN ALS VORSPEISE
ZUBEREITUNG: 45 MINUTEN
SCHWIERIGKEIT: ✪✪✪

12 Hähnchenflügel
2 TL Hähnchengewürz
4 Stangen Sellerie zum Servieren

BUFFALO CHICKEN DIP
2 Hähnchenbrustfilets, gegrillt
100 ml BBQ-Sauce
200 g Frischkäse
100 g Ranch-Dressing
100 g Cheddar, frisch gerieben
2 EL Blauschimmelkäse, zerkrümelt

EQUIPMENT
flacher Metallspieß

1. Die Hähnchenflügel am Gelenk durchschneiden und in eine Schüssel geben. Das Hähnchengewürz darüberstreuen und kräftig in das Fleisch einreiben. Die Flügelteile nach »Oberarmen« und »Unterarmen« sortieren, denn die »Oberarme« sind dicker und müssen ein wenig länger garen.

2. Die dicken und dünnen Stücke separat auf zwei flache Metallspieße stecken. Die Spieße etwa 20 Minuten indirekt bei 180 °C grillen, dann weitere 10–15 Minuten direkt unter mehrfachem Wenden bei der gleichen Temperatur grillen, bis sie braun und kross sind.

3. Währenddessen die gegrillten Hähnchenbrüste in kleine Würfel schneiden und mit der BBQ-Sauce in einer Pfanne erhitzen. Den Frischkäse, das Dressing und beide Käsesorten dazugeben und den Dip pürieren. Klassisch wird zu Chickenwings und diesem Dip noch Staudensellerie zum Hineintunken gereicht.

MIAMI DOLPHINS

AFC EAST

Hard Rock Stadium, 65.326 Plätze

Maskottchen T.D. (für The Dolphin), eine 2,15 m große Delfinfigur im Dolphins-Trikot mit der Nummer 1

Cheerleader Miami Dolphins Cheerleaders

Teamfarben Wasserblau, Orange, Weiß, Marineblau

Die Miami Dolphins sind das einzige Team in der NFL-Geschichte, dem 1972 eine perfekte Saison inkl. Superbowl gelang.

Restaurant-Tipp
Das nach Don Shula, dem Erfolgstrainer der Dolphins, benannte Steakhouse »Shula«.

Die Küche Miamis haben Einwanderer aller Länder geprägt. Vor allen Dingen Anklänge an die lateinamerikanische, speziell die kubanische Küche, sind hier zu finden.

Typisch für die Stadt sind gekochte Erdnüsse und Riesensandwichs, die mit Corned Beef, Pute oder »LOX«, dem für Miami typischen Räucherlachs, belegt sind. Beliebt sind durch die Einflüsse aus Hawaii auch die Poke-Gerichte.

Die sogenannten Poke Bowls sind eine beliebte hawaiianische Vorspeise, die wiederum von der japanischen Küche beeinflusst ist. Inzwischen haben sich die köstlichen Vorspeisen zum Hauptgericht weiterentwickelt und erobern seit Kurzem nicht nur Florida, sondern auch das amerikanische Festland und Europa.

SLOPPY JOE

FÜR 4 PERSONEN
ZUBEREITUNG: 45 MINUTEN
SCHWIERIGKEIT: ✪✪✪

1 Gemüsezwiebel, fein gewürfelt
500 g Rinderhackfleisch
50 ml Rotwein
2 rote Paprikaschoten, fein gewürfelt
1 EL Senf
250 ml Ketchup
Saft von 1 Zitrone
Salz
frisch gemahlener Pfeffer
4 Burgerbrötchen

1. Eine große Pfanne auf dem Grill oder Seitenbrenner hoch erhitzen. Nach und nach die Zwiebel und das Hackfleisch in die Pfanne geben, sodass die Pfanne nicht zu stark abkühlt. Dies ist wichtig, damit das Fleisch brät und nicht im eigenen Saft kocht. Das Rinderhack bei hoher Temperatur braten, bis es gebräunt ist.

2. Die Pfanne mit dem Rotwein ablöschen und den Bratensatz vom Pfannenboden losrühren. Die Paprikawürfel, den Senf und den Ketchup unterrühren und alles etwas einkochen lassen. Die Hackfleischsauce mit Zitronensaft, Salz und Pfeffer abschmecken.

3. Die Brötchen aufschneiden und auf dem Grill leicht toasten. Die Hackfleischmasse in den Brötchen servieren.

4. Als Beilage passt klassischer Coleslaw gut dazu.

Schon gewusst? Das Gericht stammt aus den Vereinigten Staaten des frühen 20. Jahrhunderts. Der »Schlampige Johannes« wurde das erste Mal in der gleichnamigen Bar, in der auch Ernest Hemingway öfter zu Gast war, auf den Florida Keys zubereitet. Heute ist es eines der beliebtesten Gerichte, die im Hard Rock Stadium serviert werden.

HAWAII STYLE POKE

FÜR 4 PERSONEN
ZUBEREITUNG: 1 STUNDE 30 MINUTEN
SCHWIERIGKEIT: ✪✪✪

400 g roher Thunfisch (Sushi-Qualität)
2 TL Sojasauce
1 TL Sesamöl
1 TL Reisessig
½ TL geriebener Ingwer
½ Chilischote, von den Samen befreit und fein gewürfelt
1 Knoblauchzehe, fein gewürfelt
300 g Quinoa
2 Stangen Sellerie
Salz
Zucker
2 rote Zwiebeln
frisch gemahlener Pfeffer
1 Kopf Romanasalat
2 Avocados
4 EL Granatapfelkerne
1 Bund Koriandergrün, fein geschnitten
Saft von 2 Limetten
schwarzer und weißer Sesam

1. Den Thunfisch in 2 cm große Würfel schneiden, in eine Schüssel geben und mit der Sojasauce, dem Sesamöl, dem Reisessig, dem Ingwer, dem Chili und dem Knoblauch vermengen und für mindestens 30 Minuten zum Marinieren in den Kühlschrank stellen.

2. Die Quinoa nach Packungsanweisung zubereiten und warm stellen. Den Sellerie in feine Scheiben hobeln und mit je 1 TL Salz und Zucker vermengen; 10 Minuten ziehen lassen.

3. Die Zwiebeln abziehen, halbieren und in feine Streifen schneiden; salzen und pfeffern. Die Salatblätter in Stücke zupfen.

4. Die Quinoa mit dem Sellerie vermischen und auf vier Schüsseln verteilen. Den Thunfisch aus der Marinade nehmen, abtupfen und seitlich in die Schüsseln häufen. Die restliche Marinade darüberträufeln.

5. Das Fruchtfleisch der Avocado in Scheiben schneiden und neben dem Thunfisch in die Schüsseln geben. Die Zwiebeln, die Salatblätter und die Granatapfelkerne ebenfalls auf die Schüsseln verteilen. Zum Schluss den Koriander daraufgeben und den Limettensaft darübergießen. Den Thunfisch mit dem Sesam bestreuen.

YUMMY

NEW ENGLAND PATRIOTS

AFC EAST

Gillette Stadium Foxboro, 68.756 Plätze

Maskottchen Pat Patriot, ein Minuteman

Cheerleader Patriots Cheerleaders

Teamfarben Blau, Rot, Silber und Weiß

Das Maskottchen geht auf die Minutemen zurück, Streitkräfte in Nordamerika im Widerstand gegen die britische Besatzung, die auf Verlangen innerhalb von einer Minute kampfbereit sein sollten.

Wenn in einem Heimspiel Punktgewinn erzielt wird, stehen etwa zehn als Minutemen verkleidete Männer in der Endzone und geben einen Musketenschuss ab.

Sie nennen sich End Zone Militia und sind für die Fans auch ein beliebtes Fotomotiv.

2007 wurde der Cheftrainer der Patriots zu einer Strafe von 500.000 Dollar verurteilt. Er hatte veranlasst, dass von den geheimen Signalen der Defense Trainer der New York Jets an ihre Spieler unerlaubte Videoaufnahmen gemacht werden und ließ diese dann unter anderem von gehörlosen Lippenlesern auswerten. Seit dem Vorfall, der als Spygate in die Geschichte eingegangen ist, kann man in den Stadien beobachten, dass die Trainer bei der Weitergabe von Signalen an die Spieler ihren Mund verdecken.

Die Staaten New Englands sind berühmt für ihre Hummergerichte. Im Gegensatz zu heute, wo der Hummer eine Delikatesse ist und in unzähligen Spezialitäten-Restaurants auf der Karte steht, war er um das Jahr 1900 ein Arme-Leute-Essen und wurde teilweise sogar als Dünger verwendet.

Boston wird auch als Beantown bezeichnet, da Baked Beans eine beliebte Beilage zu vielen klassischen Gerichten sind. Auch die Nähe zum Meer mit seinem Fischreichtum spiegelt sich auf den Tellern wieder. Sehr beliebt ist Lachs in allen Varianten: Er steht gekocht und geräuchert, gebraten, gegrillt, roh in Form von Sashimi oder als Graved Lachs in vielen Restaurants auf der Speisekarte.

LIGHTHOUSE GRILL'S STEAK SANDWICH

FÜR 4 PERSONEN
ZUBEREITUNG: 30 MINUTEN
SCHWIERIGKEIT: ✪○○

4 Ribeyesteaks (à 200 g)
Salz
1 Dose (415 g) Baked Beans (Heinz)
2 EL Olivenöl
2 Zwiebeln, geschält und fein geschnitten
frisch gemahlener Pfeffer
1 Spritzer Weißweinessig
1 Baguette
1 Bund Rucola, gewaschen
2 EL Dijonsenf

1. Die Steaks leicht salzen und 10 Minuten bei Raumtemperatur ruhen lassen. Die Bohnen in einen Topf geben und auf dem Grill erwärmen. Das Olivenöl in einem Topf auf dem Grill oder Seitenkochfeld bei hoher Temperatur erhitzen und die Zwiebeln darin anschwitzen, bis sie goldbraun sind. Anschließend mit Pfeffer und Weinessig abschmecken.

2. Das Fleisch unter mehrfachem Wenden 6–8 Minuten direkt bei hoher Temperatur grillen, bis es eine Kerntemperatur von 54 °C hat. Die Steaks pfeffern, warm stellen und 10 Minuten ruhen lassen.

3. Das Baguette auf dem Grill erwärmen. Das Brot längs durchschneiden und die untere Hälfte mit den Zwiebeln bedecken. Zuerst das Fleisch und dann den Rucola darauf verteilen und zum Abschluss alles mit Senf bestreichen. Den Baguettedeckel auflegen und das Steak-Sandwich in vier Stücke schneiden.

4. Von den Bohnen drei oder vier Esslöffel voll abnehmen und pürieren. Das Püree wieder unter die restlichen Bohnen mischen, diese in eine Schüssel füllen und als Beilage oder zum Dippen zu den Sandwichs reichen.

SALMON BLUE CHEESE TACO ROLL

FÜR 4 PERSONEN
ZUBEREITUNG: 20 MINUTEN
SCHWIERIGKEIT: ✪✪✪

200 g Frischkäse
100 g Blauschimmelkäse
400 g Räucherlachs
4 Tortilla-Wraps
2 Handvoll junger Blattspinat oder eine Blattsalat-Mischung
schwarzer Sesam zum Bestreuen (nach Belieben)
400 g Garnelen, gesäubert
Salz
200 g Algensalat, vorzugsweise Wakame
Zahnstocher zum Fixieren der Wraps

SAUCE
100 ml süße Chilisauce
abgeriebene Schale und Saft von 1 unbehandelten Limette
Salz
100 ml Öl
1 Msp. Senf

EQUIPMENT
Gussplatte

1. Den Frischkäse mit dem Blauschimmelkäse sorgfältig verrühren. Den Räucherlachs in Scheiben schneiden.

2. Jeden Wrap zur Hälfte gleichmäßig mit der Frischkäsemischung bestreichen. Auf die bestrichene Fläche Spinat- oder Salatblätter legen und darauf die Lachsscheiben verteilen. Die Wraps vorsichtig aufrollen und die Naht mit Zahnstochern fixieren.

3. Die Wraps 8–10 Minuten bei 150 °C indirekt grillen. Die Rollen schräg halbieren und die Schnittflächen nach Belieben mit dem Sesam bestreuen.

4. Die Garnelen leicht salzen und 15 Minuten zum Durchziehen beiseitestellen. Dann die Gussplatte im Grill auf 200 °C vorheizen und die Garnelen darauf unter mehrmaligem Wenden etwa 10 Minuten grillen, bis sie rötlich sind und Röststellen haben.

5. Inzwischen alle Zutaten für die Sauce verrühren, die Garnelen in eine Schüssel geben und mit Sauce bestreichen

6. Den Algensalat auf vier Tellern verteilen Die Lachsrollen daraufsetzen und die Garnelen auf dem Salat verteilen. Die restliche Sauce in ein Schälchen füllen, nach Belieben mit Sesam bestreuen und zu den Rolls reichen.

NEW YORK JETS

AFC EAST

MetLife Stadium, 82.500 Plätze

Maskottchen keins

Cheerleader Jets Flight Crew

Teamfarben Grün und Weiß

Mit seinen 82.500 Sitzplätzen ist das MetLife Stadium das zweitgrößte Stadion der NFL. Es liegt im Bezirk East Rutherford im Bundesstaat New Jersey. Eigentümer und auch Betreiber des Stadions sind die zwei Teams der National Football League, die New York Giants und die New York Jets.

Schon Frank Sinatra wusste, dass New York niemals schläft. Wohl auch deshalb kommen hier Liebhaber von gutem Essen nicht nur rund um die Uhr auf ihre Kosten, sondern sie können auch immer wieder Neues entdecken. Dies liegt nicht zuletzt daran, dass die verschiedenen eingewanderten Volksgruppen ihre traditionellen Gerichte pflegen.

Ob Chinatown oder Brighton Beach, wo man authentisch russisch Essen kann, New York wird durch seine breite kulinarische Vielfalt mit Gerichten aus aller Welt zu einem Schmelztiegel der Genüsse.

Die Gemeinde East Rutherford, in der das Stadion liegt, ist bekannt für ihre vielfältigen exzellenten Garnelengerichte. Der auf Seite 44 beschriebene wagenradgroße »The $50 Jumbo Jet Breakfast Bagel« ist einer Kreation des amerikanischen Fernsehkochs und Jets-Fans Guy Fieri nachempfunden. Die Variante ähnelt dem Original, wie es im MetLife Stadium serviert wird.

Die Bagels für den Original-Burger sind Sonderanfertigungen, die so nicht erhältlich sind. Als Ersatz dient eine in Deutschland handelsübliche Partybrötchensonne, um in etwa die Größe der Bagels zu erreichen.

NICK MANGOLD'S SPAGHETTI AND MEATBALLS

FÜR 4 PERSONEN
ZUBEREITUNG: 3 STUNDEN
SCHWIERIGKEIT: ✪✪✪

SAUCE
2 EL Olivenöl
3 Knoblauchzehen, fein gehackt
1 kg passierte Tomaten
2 EL Zucker
1 TL getrockneter Oregano
½ TL getrockneter Salbei
½ TL getrockneter Rosmarin
100 ml Rotwein
Salz und Cayennepfeffer

MEATBALLS
500 g Rinderhackfleisch
30 ml italienisches Salatdressing (Vinaigrette mit Kräutern abgerundet)
1 Ciabatta, altbacken, zerbröselt
2 EL frisch geriebener Parmesan
1 TL getrockneter Oregano
½ TL getrockneter Salbei
½ TL getrockneter Rosmarin
½ TL Salz
½ TL frisch gemahlener Pfeffer

500 g Spaghetti
Parmesan, frisch gerieben
Basilikumblätter
Olivenöl

1. Für die Sauce das Olivenöl in einem Topf auf dem Grill oder Seitenkochfeld erhitzen und die Knoblauchzehen darin anschwitzen. Die restlichen Zutaten dazugeben, die Sauce mit Salz und Cayennepfeffer abschmecken, einmal aufkochen und dann bei niedriger Temperatur simmern lassen.

2. Für die Meatballs alle Zutaten gründlich mit den Händen vermischen. Aus der Masse 16 Bällchen formen, diese in die Sauce gleiten und 2 ½ Stunden bei niedriger Temperatur köcheln lassen.

3. Die Spaghetti laut Packungsanweisung al dente kochen. Die fertige Pasta auf vier Teller verteilen, die Sauce mit je vier Hackbällchen darübergeben und jede Portion mit Parmesan und Basilikum garnieren. Zum Schluss noch ein paar Tropfen Olivenöl darübergeben und die Spaghetti servieren.

Schon gewusst? Nick Mangold #74, sechsfacher Pro-Bowl-Teilnehmer, spielte als einer der bestbezahlten Center elf Jahre, bis Februar 2017, bei den Jets. Diese Spaghetti sind sein Leibgericht, er musste sie schon unzählige Male in amerikanischen TV-Shows nachkochen.

THE $50 JUMBO JET BREAKFAST BAGEL

FÜR 1–16 PERSONEN
ZUBEREITUNG: 45 MINUTEN
SCHWIERIGKEIT: ✪ ✪ ✪

CHIPOTLE-AIOLI
6 EL Mayonnaise
2 TL gehacktes Koriandergrün
2 TL Chipotle Peppers in Adobo Sauce (ersatzweise geräucherte Chilischoten in Öl)
1–2 Knoblauchzehen, fein gehakt
½ TL Cumin
4 TL Limettensaft
Salz
frisch gemahlener Pfeffer

10 Scheiben Pfefferkäse
8 Hash Browns (ersatzweise tiefgekühlte Röstiecken)
20 Streifen Bacon
12 Eier
Salz
frisch gemahlener Pfeffer
1 Partybrötchensonne
250 g Butter
10 Scheiben gekochter Schinken
1 Glas (200 g) Jalapeñoscheiben, abgetropft
8 EL Chipotle-Aioli

1. Zuerst die Chipotle-Aioli zubereiten. Die Mayonnaise mit allen weiteren Zutaten für die Aioli vermischen.

2. Den Pfefferkäse aus dem Kühlschrank nehmen, damit er sich erwärmt. Die Hash Browns laut Packungsangabe frittieren, parallel den Bacon auf einer Grillplatte kross ausbraten. In einer Pfanne aus den Eiern Rührei braten und mit Salz und Pfeffer würzen.

3. Die Brötchensonne vorsichtig mit einem Sägemesser aufschneiden und die Schnittflächen mit weicher Butter bestreichen. Das Rührei gleichmäßig auf dem unteren Teil verteilen, den angewärmten Pfefferkäse auf das Rührei legen. Den Schinken, den Bacon, die Jalapeñoscheiben und die Chipotle-Aioli nacheinander in beschriebener Reihenfolge auf dem Käse verteilen.

4. Mit den frittierten Hash Browns abschließen und den Brotdeckel auflegen. Das gefüllte Brot auf einem großen Brett servieren.

BALTIMORE RAVENS

AFC NORTH

M&T Bank Stadium, 71.008 Plätze

Maskottchen Bis 2009 gab es Edgar, Allan und Poe als Menschen in Rabenkostümen. Dann wurden Edgar und Allan abgeschafft, und übrig geblieben ist Poe als menschliche Rabengestalt. Dafür wurden zusätzlich die echten Raben Rise und Conquer verpflichtet.

Cheerleader Baltimore Ravens Cheerleaders

Teamfarben Schwarz, Lila, Gold, Weiß

Benannt wurde das Team nach »The Raven« (der Rabe), einem der berühmtesten Werke des Schriftstellers Edgar Allan Poe, der in Baltimore lebte und starb. Vorausgegangen ist der Namensgebung eine Umfrage unter den Fans.

Genau genommen waren die Baltimore Ravens einmal die Cleveland Browns. Als der komplette Kader der Cleveland Browns 1996 nach Baltimore gezogen ist, bekam die Mannschaft den neuen Namen. So konnten die Baltimore Ravens – im Unterschied zu anderen Expansion Teams, die sich komplett neu gründen mussten wie Carolina oder Jacksonville – mit der kompletten Browns-Mannschaft von Anfang an auf ein eingespieltes Team setzen. Möglich war dies nur, weil sich der Besitzer der umgezogenen Mannschaft, Art Modell, verpflichtete, bis 1999 die Browns wieder auferstehen zu lassen.

Restaurant-Tipp

»Chaps Pit Beef« – Baltimores Antwort auf BBQ

Texas hat Brisket, Carolina hat Pulled Pork und Baltimore hat Pit Beef, was eigentlich nichts mit klassischem BBQ »low and slow« gemeinsam hat. Hier wird heiß direkt über der Glut von Holzkohlen gegrillt. Pitmaster aus dem Süden der USA würden diese Art des BBQ als Ketzerei bezeichnen.

Der Restaurantbesitzer Bob Creager ist durch Auftritte in amerikansichen TV-Shows, unter anderem bei Anthony Bourdain, Andrew Richmann und Guy Fieri, mit seinem Gericht bekannt geworden.

Der deutsche Einwanderer Gustav Brunn, der 1939 auf dem Marktplatz von Baltimore (USA) einen Gewürzhandel begann, entwickelte »Old Bay«, um Meeresfrüchte lecker zu würzen.

»CHAPS PIT BEEF«-BURGER

FÜR 8 PERSONEN
ZUBEREITUNG: 1 STUNDE,
PLUS 12 STUNDEN MARINIEREN
SCHWIERIGKEIT: ✪✪✪

BBQ-RUB
2 EL Salz
1 EL edelsüßes Paprikapulver
1 TL Knoblauchpulver
1 TL getrockneter Oregano
½ TL frisch gemahlener schwarzer Pfeffer

1 kg Unterschale vom Rind (ersatzweise gut marmorierter Rindernacken oder Tafelspitz)
8 Burgerbrötchen
1 Gemüsezwiebel, in dünne Ringe geschnitten

TIGERSAUCE
200 g Mayonnaise
200 g Sahnemeerrettich
1 EL Senf

Schon gewusst? In seinem Originalrezept verwendet Bob Creager 1 Kilogramm »Bottom Round flat Beef«. Dieser Fleischschnitt ist in Deutschland nicht üblich, entspricht aber in etwa der Unterschale.

1. Für den BBQ-Rub alle Zutaten sorgfältig vermischen.

2. Das Fleisch parieren, das heißt von Fett und Silberhaut befreien, und mit dem Rub großzügig einreiben. Dann das Fleisch in Frischhaltefolie wickeln und für mindestens 12 Stunden zum Marinieren in den Kühlschrank stellen. (Die Jungs vom »Chaps« lassen es 3 Tage im Kühlschrank ziehen und wenden es zweimal täglich.)

3. Das Fleisch aus der Folie nehmen und 30–40 Minuten bei 200 °C direkt unter mehrfachem Wenden grillen, bis es eine Kerntemperatur von 50 °C hat. Das Fleisch vom Rost nehmen und 10 Minuten ruhen lassen. Währenddessen alle Zutaten für die Tigersauce verrühren.

4. Das Fleisch gegen die Faser in dünnen Scheiben schneiden. Am besten geht das mit einer Aufschnittmaschine. Das Fleisch in 200-g- bis 250-g-Portionen erneut kurz auf dem Grill erwärmen und dann auf den unteren Hälften der aufgeschnittenen Brötchen verteilen. Jede Portion mit Tigersauce bestreichen und mit Zwiebelringen garnieren. Den Brötchendeckel auflegen und reinbeißen.

THE TAILGATE BURGER

FÜR 4 PERSONEN
ZUBEREITUNG: 1 STUNDE 30 MINUTEN
SCHWIERIGKEIT: ✪✪✪

4 große Gemüsezwiebeln
8 Scheiben Bacon
1 Tüte (100 g) Kartoffelchips
4 Eier
100 g Mehl
frisch gemahlener Pfeffer
1 l Frittierfett

4 Briochebrötchen
4 EL Mayonaise
4 Kielbasa (Krakauer)
8 Scheiben Bacon
8 Chickenwings (Rezept siehe Seite 32)
4 Rindfleisch-Pattys
8 Scheiben Cheddar
4 TL Maryland-Crab-Dip (siehe unten)

OLD BAY
½ EL Selleriesalz
½ TL Kardamom
1 TL edelsüßes Paprikapulver
¼ TL Muskatblüte
¼ TL gemahlener Zimt
¼ TL gemahlener Ingwer
1 EL schwarzer Pfefferkörner
6 Lorbeerblätter
½ TL Senfkörner
4 Gewürznelken
½ TL Pimentkörner

1. Die Zwiebeln abziehen und in daumenbreite Scheiben schneiden. Die Scheiben in die einzelnen Segmente teilen, sodass zwölf schöne Ringe entstehen.

2. Jeweils zwei Scheiben Bacon nebeneinander auf einem Schneidbrett ausstreichen. Die Zweier-Baconscheiben leicht pfeffern und um vier große Zwiebelringe wickeln. Die Ringe bei 200 °C indirekt etwa 10 Minuten grillen.

3. Die Chips am besten in der Tüte zerdrücken, sodass Brösel entstehen. Die Eier aufschlagen und verquirlen. Die restlichen acht Zwiebelringe zuerst in dem Mehl wenden, dann in die Eier tauchen und abschließend mit den Chipsbröseln umhüllen; beiseitestellen.

4. Für die Gewürzmischung Old Bay alle Zutaten in einer Küchenmaschine mixen.

5. Für den Maryland-Crab-Dip alle Zutaten bis auf den Käse in einer Schüssel verrühren. Den Dip in eine feuerfeste Form geben, mit dem Käse bestreuen und bei 200 °C indirekt im geschlossenen Grill oder im Backofen etwa 10 Minuten erhitzen, bis der Käse schmilzt.

6. Zum Fertigstellen der Burger die Brötchen aufschneiden und die Schnittflächen leicht toasten. Die Schnittflächen der unteren Hälften mit Mayonnaise bestreichen. Die Würste längs aufschneiden und von beiden Seiten direkt unter mehrfachem Wenden grillen, bis sie knusprig sind; warm stellen. Den Bacon direkt kross grillen;

MARYLAND CRAB DIP

500 g gekochtes, zerzupftes Krebsfleisch
500 g Frischkäse
4 EL Crème fraîche
2 EL Mayonnaise
3 EL Milch
80 ml Weißwein
2 EL frisch geriebener Parmesan
1 TL frisch geriebener Knoblauch
Salz und frisch gemahlener Pfeffer
1 EL Old Bay (siehe oben)
100 g Cheddar, frisch gerieben

warm stellen. Die Zwiebelringe frittieren, bis sie braun und knusprig sind. Die Chickenwings zubereiten und warm stellen.

7. Die Pattys grillen und auf jedem zwei Scheiben Käse schmelzen lassen. Die Pattys auf die unteren Brötchenhälften setzen. Die Würste darauflegen, Crab-Dip darüber verteilen und darauf je zwei frittierten Zwiebelringe legen. Den Brötchendeckel aufsetzen. Je zwei Chickenwings auf einen Metallspieß stecken und je einen Bacon-Zwiebelringe auffädeln. Die Spieße durch die Burger stecken.

CINCINNATI BENGALS

AFC NORTH

Paul Brown Stadium, 65.515 Plätze

Maskottchen Eine Tigerfigur mit dem Namen »Who Dey«, beruhend auf dem Schlachtruf der Fans »Who dey think gonna beat dem Bengals«. Dies bedeutet so viel wie: »Wer sind sie, dass sie denken, sie könnten die Bengals schlagen?«

Cheerleader Cincinnati Ben-Gals

Teamfarben Orange, Schwarz und Weiß

Die Cincinnati Bengals wurden 1968 gegründet – von Paul Brown, dem langjährigen Trainer und Gründer der Cleveland Browns. Sie sind nach einem weißen bengalischen Tiger im Zoo von Cleveland benannt.

Cincinnati trägt auch den wenig schmeichelhaften Namen Porkopolis. Er geht auf die Zeit um 1830 zurück, als sich in der Stadt die größten Schweineställe des Landes befanden und Schweinehorden durch die Straßen getrieben wurden. Mittlerweile laufen die Schweine nicht mehr durch die Straßen, aber kulinarisch gesehen hat das Schwein seine Spuren hinterlassen: Cincinnati ist immer noch bekannt für tolle Gerichte rund ums Schwein.

Berühmt ist die Stadt zudem für das typische Cincinnati Chili. Es unterscheidet sich deutlich von anderen Chilis des Landes: Es ist flüssiger, brauner, und das Hackfleisch ist viel feiner. Daher kann man es auch als Sauce für einen Hotdog nutzen, um einen typischen »Coney« herzustellen, eine regionale Variante des »Coney Island Chili Dog«. Das Cincinnati Chili kann in vier verschiedenen Arten bestellt werden, bei denen der Name stellvertretend für die Anzahl der Zutaten steht:

2-Way Chili: Spaghetti mit Chili
3-Way Chili: Spaghetti, Chili und Käse
4-Way Chili: Spaghetti, Chili, Käse und Zwiebeln
5-Way Chili: Spaghetti, Chili, Käse, Zwiebeln und Bohnen

Das Cincinnati Chili ist so tief in der Kultur der Cincinnati Bengals verwurzelt wie verlorene Footballspiele. Das heißt, sie sind sehr daran gewöhnt.

5-WAY CINCINNATI CHILI

FÜR 4–6 PERSONEN
ZUBEREITUNG: 3 STUNDEN
SCHWIERIGKEIT: ✪✪✪

2 EL Olivenöl
2 Zwiebeln, fein gewürfelt
6 Knoblauchzehen, fein gehackt
1 kg Rinderhackfleisch
3 EL Kakaopulver
1 TL gemahlener Chili
1 TL gemahlener Cumin
1 TL gemahlener Zimt
1 TL gemahlener Piment
½ TL Cayennepfeffer
1 Lorbeerblatt
1 Flasche (300 ml) Schwarzbier
500 ml passierte Tomaten
2 EL Apfelessig
2 TL Worcestersauce
500 ml Kidneybohnen
Salz

ZUM SERVIEREN
500 g Spaghetti
Salz
1 Zwiebel, fein gewürfelt
300 g Cheddar, frisch gerieben

EQUIPMENT
Dutch Oven oder Gusstopf

1. Den Dutch Oven oder Gusstopf auf dem Grill auf 250 °C vorheizen und das Olivenöl hineingeben. Die Zwiebeln und den Knoblauch hinzufügen und anschwitzen.

2. Nach und nach das Hackfleisch zugeben und braten, bis es braun ist. Nun das Kakaopulver, die gemahlenen Gewürze und das Lorbeerblatt hinzufügen und unterrühren. Das Bier darübergießen, den Bratensatz vom Topfboden losrühren und alles 5 Minuten kochen lassen.

3. Die Tomaten, den Essig, die Worcestersauce, die Bohnen und vier Tassen Wasser dazugeben und mit den anderen Zutaten verrühren.

4. Das Chili 1 ½ Stunden köcheln lassen und mit Salz abschmecken.

5. Zum Servieren die Spaghetti in gesalzenem Wasser al dente kochen und auf Teller geben. Das Chili darauf anrichten und die Zwiebelwürfel und den Käse darüberstreuen.

ITALIAN BEEMELT

FÜR 8 PERSONEN
ZUBEREITUNG: 30 MINUTEN
SCHWIERIGKEIT: ✪✪✪

1 rote Paprikaschote
8 Scheiben Vollkorntoast
150 g Kräuterbutter
500 g Roastbeef, in Scheiben geschnitten
1 Gemüsezwiebel, fein gewürfelt
2 EL Ketchup
8 Scheiben Provolone

1. Eine Grillplatte auf 200 °C vorheizen. Die Paprikaschote in feine Streifen schneiden und auf der Grillplatte ein wenig angrillen. Die Brotscheiben toasten und mit der Kräuterbutter bestreichen.

2. Die Roastbeefscheiben auf vier Scheiben Toast verteilen und die Zwiebelwürfel sowie die Paprikastreifen darübergeben. Den Ketchup darübergießen.

3. Je zwei Scheiben Käse auf die restlichen Toasts legen und auf dem geschlossenen Grill bei 200 °C indirekter Hitze schmelzen lassen. Die Toasts mit dem Käse nach unten auf die belegten Brotscheiben legen und jeden Toast schräg halbieren.

Schon gewusst? Der Name dieses Sandwichs leitet sich von den beiden unverzichtbaren Zutaten ab: beef und melted cheese = Beemelt.

4

CLEVELAND BROWNS

AFC NORTH

FirstEnergy Stadium, 73.200 Plätze

Maskottchen Die Browns haben kein Logo, aber dafür gleich zwei Maskottchen: den Plüschhund Chomps und seit 2014 den lebenden Bullmastiff mit Namen Swagger.

Cheerleader Gab es nur in der Saison 1971. Der kalte Winter in Ohio machte den Mädels einen Strich durch die Rechnung, da die Fans keine Cheerleader in Wollpyjamas sehen wollten.

Teamfarben Braun, Orange, Weiß

Die Cleveland Browns sind das Team mit der Lücke: Weil der langjährige Eigentümer Art Modell und sein Team nach Baltimore auswanderten, gab es unter dem Namen Cleveland Browns drei Jahre lang, zwischen 1996 und 1999, keine Mannschaft. Zudem ist dies das einzige NFL-Team, das nach seinem damaligen Coach und Gründer, Paul Brown, benannt ist und kein Logo auf seinem Helm trägt.

Die Fans der Cleveland Browns sind in der Liga berühmt-berüchtigt. Die Ostkurve im heimischen Stadion, wo die aktivsten Fans sitzen, nennt sich »Dawg Pound«, da sich die Fans sehr einfallsreich mit Hundemasken, knochenförmigen Hüten oder auch Kürbisköpfen kostümieren. In einer der vielen erfolglosen Saisons gingen auch Bilder von Fans, deren Köpfe unter Papiertüten steckten, um die Welt. Es kam auch schon vor, dass die Anhänger der Cleveland Browns das gegnerische Team mit Hundefutter, Eiern, Tomaten und anderem bewarfen, sodass so manches Spiel dadurch unterbrochen wurde.

Cleveland ist für sein über die Landesgrenzen bekanntes Ribfest berühmt, das 1980 das erste Mal veranstaltet wurde. Dort gibt es einen Wettbewerb um den besten Spareribs-Griller der Stadt. Mittlerweile hat Cleveland viele Nachahmer gefunden, und das Ribfest hat sich zu einem internationalen Großgrillevent entwickelt, das es auch in London und vielen anderen Städten gibt.

Cleveland ist zudem als Stadt der Wurstesser bekannt. Da die zahlreichen Einwanderer nicht auf ihr gutes, preiswertes Essen aus der Heimat verzichten wollten, entwickelten sich im Lauf der Zeit aus den diversen Stilen interessante Kombinationen wie beispielsweise polnische Kielbasa-Würstchen (Krakauer) oder koreanisches Kimchi (eine Art Sauerkraut).

KIMCHI DOG

FÜR 4 PERSONEN
ZUBEREITUNG: 30 MINUTEN
SCHWIERIGKEIT: ✪○○

200 g Kimchi
(ersatzweise Sauerkraut mit Sriracha und Fischsauce), abgetropft
2 Frühlingszwiebeln, fein geschnitten
4 TL Mayonnaise
4 Krakauer
4 Hotdog-Brötchen

1. Das Kimchi etwas klein schneiden und mit den Frühlingszwiebeln und der Mayonnaise in einer Schüssel vermengen.

2. Die Würstchen grillen und in die aufgeschnittenen Brötchen geben. Dann die Kimchi-Mischung über den Würsten verteilen.

ANIMAL STYLE FRIES

FÜR 4 PERSONEN
ZUBEREITUNG: 30 MINUTEN
SCHWIERIGKEIT: ✪✪✪

400 g Pommes frites
100 g Pancetta
200 ml Bratensauce
3 EL eingelegte grüne Pfefferkörner
2 Kugeln (à 125 g) Mozzarella
4 Eier
8 TL Dijonsenf
1 l Öl zum Frittieren

EQUIPMENT
Grillplatte

1. Das Frittieröl erhitzen und die Pommes frites darin frittieren.

2. Den Pancetta in etwa 5 mm breite Streifen schneiden und auf der heißen Grillplatte etwas anbraten, sodass er warm und leicht braun ist. Die Sauce erhitzen und die Pfefferkörner dazugeben.

3. Den Grill auf 250 °C vorheizen.

4. Den Mozzarella in Streifen schneiden. Die Pommes frites in eine feuerfeste Form geben, den Mozzarella darauf verteilen und die Form auf den Grill stellen, die Haube schließen, bis der Käse schmilzt. In der Zwischenzeit die Eier in der Pfanne oder auf dem Seitenbrenner zu Spiegeleiern braten.

5. Die Pommes auf vier Teller verteilen und den gegrillten Pancetta darauflegen. Die Sauce darübergeben, auf jede Portion ein Spiegelei setzen und jeweils 2 TL Senf dazugeben.

PITTSBURGH STEELERS

AFC NORTH

Heinz Field, 65.500 Plätze

Maskottchen Steely McBeam, ein Stahlarbeiter

Cheerleader Die Steelers gründeten 1961 mit den Steelerettes als erstes NFL-Team eine Cheerleader-Mannschaft, um mithilfe der jubelnden und tanzenden Mädchen mehr Gäste ins Stadion zu locken. Die Mädels wurden auch auf ihr Footballwissen geprüft, um sicherzustellen, dass sie zum richtigen Zeitpunkt jubeln.

Teamfarben Schwarz und Gold

Mit sechs Superbowl-Siegen sind die Steelers das erfolgreichste Team der NFL-Geschichte. Ihre Fans nennen sich »Steelers Nation«. Sie sind bekannt dafür, dass sie zum Anfeuern der Mannschaft die »terrible towels«, gelbe Handtücher, schwenken, die so zu einem der beliebtesten Merchandise-Artikeln der Liga wurden.

Pittsburgh ist stolz auf seine ehemalige Stahlindustrie und bekannt für Heinz Ketchup. Jeder, der eine gewisse Zeit in der Stadt verbracht hat, hat mit großer Wahrscheinlichkeit schon mal etwas von Primanti Bros. gehört. Der historische Sandwichladen stellt seit 1933 sein bekanntes, riesiges Pommes- und Krautsalat-Sandwich her.

PRIMANTI BROTHERS SANDWICH

FÜR 8 PERSONEN
ZUBEREITUNG: 1 STUNDE 30 MINUTEN
SCHWIERIGKEIT: ✪✪✪

1 Spitzkohl, in feine Streifen geschnitten
100 g Salz
100 g Zucker
1 EL Olivenöl
1 EL Apfelessig
frisch gemahlener Pfeffer
1 kg Pommes frites
3 EL Butter
600 g Coppa, dünn geschnitten
8 Scheiben Provolone
16 Scheiben Weißbrot
3–4 Tomaten, in 16 Scheiben geschnitten
1 l Öl zum Frittieren

1. Den Spitzkohl mit dem Salz und dem Zucker gut vermischen, in ein Sieb geben und dieses über eine Schüssel hängen. Den Kohl zum Ziehen für 1 Stunde beiseitestellen.

2. Das Wasser aus dem Kohl herausdrücken und weggießen. Den Kohl mit dem Olivenöl, Essig und Pfeffer würzen und gut umrühren.

3. Das Öl erhitzen und die Pommes frites darin frittieren; warm stellen.

4. Eine Grillplatte auf 200 °C vorheizen. Die Butter in einer Auflaufform zerlassen, die Schinkenscheiben dazugeben und aufwärmen. Aus dem Coppa acht Häufchen formen, jede dieser Portionen mit einer Scheibe Provolone bedecken und auf dem geschlossenen Grill überbacken, bis der Käse geschmolzen ist.

5. Die Schinkenportionen auf acht Scheiben Brot setzen, darauf ein paar Pommes frites geben und den Krautsalat darüber verteilen. Jedes Sandwich mit zwei Tomatenscheiben und einer weiteren Scheibe Brot abschließen und warm servieren.

BIG PORKY SANDWICH

FÜR 4 PERSONEN
ZUBEREITUNG: 40 MINUTEN
SCHWIERIGKEIT: ✪✪✪

MARINARA-SAUCE
2 EL Olivenöl
1 Schalotte, fein geschnitten
1 Knoblauchzehe, fein gehackt
1 Prise Zucker
200 ml passierte Tomaten
200 ml Sahne
Salz
frisch gemahlener Pfeffer

4 Bagels
4 EL Remoulade
4 Schnitzel, paniert und gebraten
8 Scheiben Provolone
1 Glas (200 g) eingelegte Paprika
1 Glas (200 g) eingelegte Jalapeñoringe

1. Für die Marinara-Sauce das Olivenöl in einer Pfanne auf dem Seitenbrenner erhitzen und die Schalotte und den Knoblauch darin glasig anschwitzen. Eine Prise Zucker zugeben und leicht karamellisieren lassen. Danach die Tomaten hinzugeben und die Sauce ein wenig einkochen lassen.

2. Die Sahne hinzufügen und die Sauce weiter einkochen lassen, bis sie die gewünschte Konsistenz hat. Mit Salz und Pfeffer abschmecken.

3. Während die Sauche einkocht, die Bagels quer durchschneiden und die Schnittflächen mit Remoulade bestreichen.

4. Den Grill auf 200 °C vorheizen. Die Schnitzel auflegen, mit je zwei Scheiben Käse bedecken und dann indirekt im geschlossenen Grill überbacken, bis der Käse schmilzt.

5. Die Schnitzel auf die Bagels setzen. Jeweils 1 EL Marinara-Sauce auf jedes überbackene Schnitzel geben, die eingelegten Paprika und Jalapeños darüber verteilen und den Bageldeckel aufsetzen.

HOUSTON TEXANS

AFC SOUTH

NRG Stadium, 71.500 Plätze

Maskottchen Toro, ein Stier mit der Trikotnummer 1

Cheerleader Houston Texans Cheerleaders

Teamfarben Blau, Rot, Weiß

Am 6. Oktober 1999 bekam der Besitzer Robert C. McNair den Zuschlag von der Liga – das 32. NFL-Team und bis dato das letzte ging für die Rekordsumme von 700 Millionen Dollar nach Houston.

Klassische mexikanische Küche, tschechisches Gebäck mit feiner Käsenote, kreolische Dauerbrenner, Meeresfrüchte und vietnamesische Spezialitäten – das alles findet man nicht nur auf einer Weltreise, sondern auf einem Fleck in Houston.

Restaurant-Tipp
Underbelly

Der Eigentümer und Küchenchef des Underbelly, Chris Shepherds, ist nicht nur ein begnadeter Koch, sondern auch ein begeisterter Fan der Texans. Bei jedem Heimspiel zelebriert er mit tausenden anderen Fans auf dem Parkplatz des Stadions zünftiges Tailgating.

CHESTER PITTS' POTATOE CASSEROLE

FÜR 4 PERSONEN
ZUBEREITUNG: 1 STUNDE 30 MINUTEN
SCHWIERIGKEIT: ✪✪✪

500 g Kartoffeln, geschält und gewürfelt
300 ml Geflügelbrühe
300 ml Sahne
50 g Cheddar, frisch gerieben
50 g weiche Butter
Salz
frisch gemahlener Pfeffer

TOPPING
15–20 Cracker, zerbröselt
3 EL flüssige Butter

1. Den Backofen oder den Grill auf 180 °C vorheizen.
2. Alle Zutaten, das Topping ausgenommen, in eine Auflaufform geben und gut vermischen.
3. Für das Topping die Cracker mit der flüssigen Butter vermischen und über die Kartoffelmischung geben.
4. Das Gericht 1 Stunde im Backofen oder zugedeckt auf dem Grill backen, bis es goldbraun ist und köchelt.

Schon gewusst? Chester Pitts wurde von Ephraim Salaam entdeckt, als er noch in einem Supermarkt als Einpacker arbeitete. Dieser überredete den passionierten Oboe-Spieler Pitts, zu einem Probetraining der San Diego State University zu kommen. In der Folgezeit entwickete sich Pitts dort zu einem exzellenten Spieler und wurde 2002 von den Houston Texans gedraftet. Seine Geschichte wurde in einem Werbespot zum Superbowl 2002 verfilmt. Die Potato Casserole kocht Pitts regelmäßig für Familie und Freunde, wie er in einem Interview verriet.

FUDDS BURGER FRY STEAK

FÜR 4 PERSONEN
ZUBEREITUNG: 30 MINUTEN
SCHWIERIGKEIT: ✪✪✪

800 g Rinderhackfleisch
Salz
frisch gemahlener Pfeffer
1 EL Olivenöl
200 g Kartoffelecken (Country Wedges), tiefgekühlt
6 Scheiben Scheibletten-Käse
1 Kopf Romanasalat
6 Scheiben Bacon
1–2 EL BBQ-Sauce
1 Tomate, in Scheiben geschnitten
2 EL eingelegte Jalapeñoringe
1 Zwiebel, gewürfelt
Mayonnaise zum Garnieren
1 l Öl zum Frittieren

1. Das Hackfleisch mit Salz und Pfeffer würzen und gut durchkneten. In einer Pfanne das Olivenöl auf dem Seitenbrenner oder Grill erhitzen und nach und nach das Hackfleisch dazugeben. Das Fleisch braten, bis es braun wird.

2. Die Kartoffelecken nach Packungsanweisung frittieren.

3. Die Käsescheiben in einen Gefrierbeutel geben, durchkneten und in heißem, aber nicht kochendem Wasser schmelzen lassen.

4. Den Salat in feine Streifen schneiden. Den Bacon in einer Pfanne oder auf einer Grillplatte kross ausbraten.

5. Die Kartoffelecken auf dem Rand eines Tellers oder einer Platte kreisförmig auslegen. Mittig auf den Teller oder die Platte das Hackfleisch füllen und 1–2 EL BBQ-Sauce darüber verteilen. Darauf drei oder vier Tomatenscheiben legen. Den Bacon in mundgerechte Stücke zerbrechen und darübergeben. Den Salat darüberstreuen. Die Tüte mit dem geschmolzenen Käse aus dem Wasser nehmen, eine der beiden unteren Ecken abschneiden, sodass ein kleines Loch entsteht, und den Käse wie mit einem Spritzbeutel über dem Gericht verteilen. Alles mit den Jalapeños, Zwiebelwürfeln und ein paar Klecksen Mayonnaise garnieren.

INDIANAPOLIS COLTS

AFC SOUTH

Lucas Oil Stadium, 70.000 Plätze

Maskottchen Blue, ein Hengstfohlen im weißen Colts-Trikot mit einem Hufeisen statt einer Nummer auf der Brust. Es hatte seinen ersten Auftritt am 17. September 2006.

Cheerleader Indianapolis Colts Cheerleaders

Teamfarben Königsblau, Weiß

Anders als man vielleicht meinen könnte, hat der Name Colts nichts mit einer Schusswaffe zu tun. Colt ist der amerikanische Begriff für Hengstfohlen – daher auch das Maskottchen.

Die kulinarische Dreifaltigkeit Indianapolis besteht aus Root Beer, ein aus Kräuteressenzen gebrautes, leicht bitteres oder je nach Rezeptur auch süß schmeckendes, kohlensäurehaltiges, alkoholfreies Getränk, Onion Rings und einem Schnitzelbrötchen, dem Pork Tenderloin Sandwich.

Restaurant-Tipp
St. Elmo Steakhouse
Das Restaurant ist weltberühmt für seinen Krabbencocktail.

BBQ-Restaurant
Das Squealers, ein urtypisches BBQ-Restaurant in dem man Klassiker wie Spareribs, Brisket und Pulled Pork bekommt, wird vom gleichnamigen in den USA bei BBQ-Wettkämpfen sehr erfolgreichen Grillteam betrieben.

Abgesehen von Football dreht sich aus sportlicher Sicht in Indianapolis fast alles um den Indianapolis Speedway, eine der wohl bekanntesten und traditionellsten Rennstrecken der Welt, auf der unter anderem auch Formel-1-Rennen ausgetragen wurden.

Legendär ist sie aber für das Indy 500. Es wird seit dem 30. Mai 1911 veranstaltet und ist somit das älteste und traditionsreichste Rundstrecken-Autorennen der Welt. Mit weit über 400.000 Zuschauern vor Ort ist das Indy 500 die weltweit größte jährlich stattfindende Eintages-Sportveranstaltung.

PORKY EGG BURGER

ERGIBT 4 MINIBURGER
ZUBEREITUNG: 30 MINUTEN
SCHWIERIGKEIT: ✪✪✪

2 EL BBQ-Sauce
200 g Hackfleisch vom Schwein
1 TL BBQ-Gewürz
½ TL Senf
1 Rettich (mit ähnlichem Durchmesser wie die Brötchen)
Salz
Zucker
4 Eier
frisch gemahlener Pfeffer
4 Mini-Burgerbrötchen
1 EL Mayonnaise
4 Scheibletten Cheddar
8 Scheiben Dill-Essiggurken

EQUIPMENT
Grillplatte, Ausstechringe

(FOTO SIEHE SEITE 164)

1. Die BBQ-Sauce in einer Aluschale auf dem Grill erwärmen. Das Hackfleisch mit dem BBQ-Gewürz und dem Senf vermischen. Daraus vier Burgerpattys formen, die im Durchmesser etwas größer sind als die Brötchen.

2. Den Rettich schälen und vier maximal 3 mm dicke Scheiben abhobeln. Diese leicht salzen und zuckern und 10 Minuten ziehen lassen.

3. Die Grillplatte auf 200 °C vorheizen und die Pattys darauf nach Geschmack braten. Die Eier verquirlen, salzen und pfeffern und in einem Ausstechring vom Durchmesser der Brötchen einen Rührei-Patty auf der Grillplatte braten. Parallel dazu die Rettichscheiben ebenfalls von beiden Seiten ein wenig anbraten, bis sie warm sind.

4. Die unteren Brötchenhälften mit Mayonnaise bestreichen. Die Rettichscheiben und Hackfleisch-Pattys daraufsetzen. Die oberen Brötchenhälften mit der Schnittfläche nach oben auf kleine Ausstechringe setzen, je eine Scheibe Käse auflegen und beides mit dem Ring auf die heiße Gussplatte stellen. Einen Schluck Wasser auf die Platte geben und die Käsebrötchen mit einer Haube abdecken. Der entstehende Wasserdampf lässt den Käse schmelzen, sodass er über den Rand des Brötchens läuft.

5. Die Gurkenscheiben auf den Pattys verteilen und ein paar Tropfen warme BBQ-Sauce darüberträufeln. Mit dem Rührei und dem Käsebrötchen vollenden.

BRATWURST-STREIFEN MIT LAUCH

FÜR 4 PERSONEN
ZUBEREITUNG: 30 MINUTEN
SCHWIERIGKEIT: ✪✪✪

4 Bratwürste
4 Stangen Lauch
Salz
Olivenöl
4 EL Crème fraîche
1 EL Sahnemeerrettich
Chilifäden und Senf (nach Belieben)

EQUIPMENT
Grillplatte

1. Die Bratwürste längs in 5 mm breite Scheiben schneiden. Anschließend die Scheiben in Streifen schneiden.

2. Die Lauchstangen für etwa 30 Minuten auf den Grill legen, diesen schließen und den Lauch grillen, bis er angekohlt und weich ist.

3. Die äußeren, dunklen Blätter von den Stangen abziehen und wegwerfen. Dann den Lauch längs in Streifen reißen und mit Olivenöl und Salz würzen.

4. Die Wurststreifen auf einer heißen Grillplatte grillen, bis sie braun sind. Vom Grill nehmen und mit dem Lauch vermischen.

5. Die Wurst-Lauch-Mischung auf Teller oder Schalen portionsweise verteilen. Den Meerrettich mit der Crème fraîche verrühren und ein paar Spritzer davon über jede Portion geben. Das Gericht nach Belieben mit Chilifäden und einem Klecks Senf garnieren.

JACKSONVILLE JAGUARS

AFC SOUTH

EverBank Field, 67.164 Plätze

Maskottchen Jaxon de Ville, ein Jaguar mit schwarzer Sonnenbrille

Cheerleader Jacksonville ROAR

Teamfarben Schwarz, Türkis, Gold, Weiß

Die Jacksonville Jaguars tragen seit 2013 jedes Jahr eines ihrer Heimspiele in London aus und werden immer wieder als Umzugskandidat nach Europa gehandelt. Die Spiele, die im Wembley-Stadion und seit 2016 auch im Twickenham Stadium stattfinden, sind immer ausverkauft, und ganz London ist an solch einem Wochenende im Football-Fieber. Auch viele Fans aus Deutschland machen einen kurzen Trip auf die Insel, um das Spektakel NFL-Football mal live zu erleben.

In ihrer Heimatstadt in Florida erfreuen sich die Jaguars keiner sonderlich großen Beliebtheit: Ihr Stadion ist selten ausverkauft, durchschnittlich gehen mehr Besucher zu den Spielen des populären College-Teams, den Florida Gators, als zum NFL-Club. Immerhin hat der Besitzer der Jaguars, Shahid Khan, mit dem Kauf des Fußball-Zweitligisten FC Fulham in England schon mal Fuß gefasst. Als großes Problem bei Ligaspielen in Europa wird natürlich die Reisebelastung angesehen, aber auch Kleinigkeiten wie das zu dünne Klopapier in London sind ein Thema. Aus diesem Grund hat das Team 500 Rollen seines eigenen Papiers mit im Gepäck.

Die Küche der Region wird von der Nähe zum Meer bestimmt. Fisch, Meeresfrüchte und Krustentiere spielen nicht nur die Hauptrolle in den vielen Restaurants, sondern sind auch die Highlights beim Tailgating oder als Snack im Stadion.

PULLED MAHI MAHI

FÜR 4 PERSONEN
ZUBEREITUNG: 45 MINUTEN
SCHWIERIGKEIT: ✪✪✪

100 ml Teriyaki-Sauce
2 TL Tafelmeerrettich
4 Goldmakrelenfilets (à 100 g)
2 Limetten
200 g frisches Sauerkraut
2 Tomaten
1 rote Zwiebel, in feine Streifen geschnitten
1 rote Chilischote, sehr fein gewürfelt
2 EL Olivenöl
Salz
1 Prise Zucker
50 g Sauerrahm
2 Frühlingszwiebeln, in feine Ringe geschnitten

EQUIPMENT
Zedernholzplanke

Schon gewusst? Der Name Mahi Mahi für die Gemeine Goldmakrele kommt aus dem pazifischen Raum. Im Englischen wird sie auch oft als »Dolphinfish« bezeichnet, wobei keine Verwandtschaft mit Delfinen besteht.

1. Die Teriyaki-Sauce mit 1 TL Meerrettich in einer Schüssel verrühren. Die Filets in der Sauce wenden und auf die Zedernholzplanke legen. Den Fisch mitsamt Brett auf den Grill legen und direkt bei hoher Temperatur erhitzen.

2. Sobald das Brett anfängt zu rauchen, die Temperatur drosseln und den Deckel auflegen. Den Fisch etwa 15 Minuten auf direkter Hitze bei etwa 150 °C garen.

3. Die Limetten halbieren, mit der Schnittfläche auf den Rost legen und indirekt grillen, bis sie weich sind. So erwärmt sich der Saft und wird süßlich.

4. In der Zwischenzeit das Sauerkraut in einem Topf auf dem Grill erwärmen und warm stellen. Die Tomaten klein würfeln und zusammen mit den Zwiebelstreifen, den Chiliwürfeln und dem Olivenöl in eine Aluschale geben. Die Limetten darüber ausdrücken und die Mischung mit Salz und dem Zucker abschmecken. Alles gut verrühren und die Schale auf dem Grill warm stellen.

5. Das Sauerkraut mit dem Sauerrahm und dem verbliebenen Teelöffel Meerrettich verrühren und dann gleichmäßig auf vier Teller verteilen. Den Fisch zerpflücken, »pullen«, auf das Kraut geben und die Tomaten-Zwiebel-Salsa darüber verteilen. Mit Frühlingszwiebelringen garnieren und servieren.

FÜR 4 PERSONEN
ZUBEREITUNG: 45 MINUTEN
SCHWIERIGKEIT: ✪✪✪

SHRIMPS
MIT MAISPÜREE

500 g Zuckermais, tiefgekühlt
100 g Butter
24 Garnelen, geschält und vom Darm befreit
Salz
1 unbehandelte Orange
50 ml süße Chilisauce
abgeriebene Schale von 1 unbehandelten Limette
1 EL Sojasauce
½ TL geriebener Ingwer
2 EL Olivenöl
1 Msp. Senf
100 g Crème fraîche
4 EL geriebener Gouda
frisch gemahlener Pfeffer
Paprikapulver
4 Frühlingszwiebeln

1. Die Maiskörner in einem Sieb auftauen, abtropfen lassen und mit der Butter in einem Topf auf dem auf 150 °C vorgeheizten Grill 10 Minuten erhitzen.

2. Die Garnelen am dicken Ende etwa 2 cm tief einschneiden und leicht salzen. Die Schale von der Orange abreiben, den Saft von einer halben Orange auspressen.

3. Die Chilisauce, den Orangensaft, die Limettenschale, die Sojasauce, den Ingwer, das Öl und den Senf in einer Schüssel verrühren und warm stellen.

4. Die Garnelen bei direkter mittlerer Hitze 4–5 Minuten unter mehrfachem Wenden grillen.

5. Den heißen Mais mit der Crème fraîche und dem Käse in einer Küchenmaschine zu einem weichen Brei pürieren. Mit Salz, Pfeffer, Orangenschale und Paprikapulver abschmecken.

6. Die Frühlingszwiebeln der Länge nach in feine Streifen schneiden. Das Maispüree auf vier Schalen oder andere tiefe Gefäße verteilen. Die Garnelen in die Sauce tauchen und auf dem Mais anrichten. Alles mit ein paar Zwiebelstreifen garnieren.

TENNESSEE TITANS

AFC SOUTH

Nissan Stadium, 69.143 Plätze

Maskottchen Der Plüsch-Waschbär T-Rac

Cheerleader Titans Cheerleaders (ehemals The Derrick Dolls von 1975–1999)

Teamfarben Marineblau, Titanblau, Weiß, Rot, Silber

Gegründet wurde das Team im Jahr 1959 unter dem Namen Houston Oilers. Als die Mannschaft 1997 nach Memphis umgezogen ist, änderte sie ihren Namen in Tennessee Oilers. Bereits ein Jahr später ging es dann zum heutigen Standort Nashville, wo sich das Team Tennessee Titans nannte.

Nashville ist eine der am schnellsten wachsende Städte der USA. Kulinarisch hat die Stadt sehr viel zu bieten, aber nach wie vor liegt die typische Südstaatenküche mit gebratenem Wels, Hähnchen und Dumplings, Maisgrütze und Maisbrot mit brauner Bratensauce ganz hoch in der Gunst der Bewohner Nashvilles. Natürlich ist die Region auch ein Hotspot des BBQ, wie das Paradise Ridge Grille im Westen Nashvilles eindrucksvoll demonstriert.

PORTOBELLO BURGER

FÜR 4 PERSONEN
ZUBEREITUNG: 45 MINUTEN
SCHWIERIGKEIT: ✪✪✪

8 große Champignons (Portobellos)
200 ml Sojasauce
1 Fladenbrot
1 große Tomate
100 g Schafskäse (Feta)
5 EL Frischkäse
2 TL frische Thymianblättchen
2 TL fein geschnittene glatte Petersilie
Salz
frisch gemahlener Pfeffer
3 EL Olivenöl
4 EL Kresse (vorzugsweise Kapuzinerkresse)

1. Die Champignons putzen und die Stiele entfernen. Die Hüte mit der Unterseite nach oben auf eine Platte legen und in jeden Hut 1 EL Sojasauce geben. Die Pilze zum Marinieren für mindestens 30 Minuten beiseitestellen. Den Grill auf 180 °C anheizen.

2. Aus dem Fladenbrot mit einem Ring mit 10 cm Durchmesser »Burgerbrötchen« ausstechen. Die Brötchen horizontal halbieren und die Schnittflächen auf dem Grill leicht rösten.

3. Die Tomate in 1–2 cm dicke Scheiben schneiden und ebenfalls auf dem Grill bei direkter Hitze angrillen. Die überschüssige Sojasauce aus den Pilzen abgießen. Die Pilze von beiden Seiten bei direkter Hitze leicht grillen, währenddessen immer wieder platt drücken.

4. Den Feta klein würfeln und mit 1 EL Frischkäse cremig rühren. Die Frischkäse-Feta-Mischung dünn auf die Unterseite der Pilzhüte streichen und jeweils zwei Pilze mit den bestrichenen Seiten aufeinanderlegen.

5. Den restlichen Frischkäse mit den Kräutern verrühren und mit Salz und Pfeffer würzen. Die Tomatenscheiben salzen und pfeffern und mit Olivenöl bestreichen. Zuerst die Tomaten und dann die zusammengeklappten Pilze auf die unteren Hälften der Burgerbrote legen. Die Pilze mit dem Kräuter-Frischkäse bestreichen und die Kresse darauf verteilen. Die Brötchendeckel auflegen und die Burger servieren.

TITAN TOTS STAK

FÜR 4 PERSONEN
ZUBEREITUNG: 30 MINUTEN
SCHWIERIGKEIT: ✪✪✪

PICO DE GALLO

1 mittelgroße Tomate, gewürfelt
1 Zwiebel, fein gehackt
½ grüne Chilischote, gehackt
2 Stängel Koriandergrün, fein gehackt
1 Frühlingszwiebel, fein gehackt
1 kleine Knoblauchzehe, gehackt
je 1 Prise Salz und Pfeffer

SOUR CREAM

150 g Quark
50 g Crème fraîche
1 kleine Knoblauchzehe, durchgepresst
1 Schalotte, fein gewürfelt
je 1 Prise Zucker und Salz
2–3 Spritzer Tabasco

400 g Pulled Pork (siehe Tipp)
100 ml BBQ-Sauce, erwärmt
400 g Waffelkartoffeln (zum Frittieren)
4 Frühlingszwiebeln
8 Scheibletten Cheddar
4 EL Pico de gallo (siehe oben)
4 EL Sour Cream (siehe oben)
2 Stängel Koriandergrün, fein gehackt
1 Glas (250 g) eingelegte Jalapeñoscheiben, abgetropft
1 l Frittierfett (idealerweise Rinderfett)

1. Für die Pico de gallo alle Zutaten in einer Schüssel vermengen. Für die Sour Cream alle Zutaten miteinander verrühren.

2. Das gegarte Stück Fleisch für Pulled Pork in einer Schale auf dem Grill 10 Minuten bei 150 °C indirekt erwärmen. Vom Grill nehmen, in eine Schüssel geben, zerpflücken und mit der warmen BBQ-Sauce vermischen. Warm stellen.

3. In einem Topf das Fritierfett auf 190 °C erhitzen und die Waffelkartoffeln darin in etwa 4 Minuten knusprig frittieren. Die Frühlingszwiebeln in feine Ringe schneiden. Den Käse in einer beschichteten Pfanne schmelzen lassen.

4. Die Waffelkartoffeln auf Küchenpapier abtropfen lassen und auf vier Tellern verteilen. Das Pulled Pork darübergeben. Den geschmolzenen Käse portionsweise darüberfließen lassen und mit dem Pico de gallo und den Zwiebelringen bestreuen. Jede Portion mit einem Klecks Sour Cream krönen und mit Koriandergrün und Jalapeñoscheiben dekorieren.

Tipp Ich bereite mein Pulled Pork nach wie vor in größeren Mengen ganz klassisch im Smoker zu und friere die gegarten Fleischstücke in 500-g-Portionen in Beuteln ein.

DENVER BRONCOS

AFC WEST

Sports Authority Field at Mile High, 76.125 Plätze

Maskottchen Plüsch-Hengst Miles mit dem Broncos-Trikot mit der Nummer 00 und der lebendige graue Araber-Hengst Thunder III

Cheerleader Denver Broncos Cheerleaders

Teamfarben Blau, Orange, Weiß

Der Name »Mile High« des Stadions leitet sich von seinem Standort ab, da das Stadion mit etwa 1 Meile (1,609 km) ü. NN das höchstgelegene Stadion der NFL ist.

Der Teamname »Denver Broncos« wurde von der Bezeichnung für die ungestümen Wildpferde Nordamerikas, den »broncos«, übernommen. Welche Bedeutung der Mannschaft zukommt, sieht man beispielsweise an den Fernsehserien »South Park« und »Simpsons«. Deren Erfinder sind Fans der Denver Broncos und lassen Anspielungen und Figuren der Mannschaft des Öfteren in ihren Serien auftauchen.

Die offizielle Tailgating-Party findet im Mountain Village statt. Dort können die Fans nicht nur auf großen Bildschirmen sehen, was sich vor den anderen Stadien des Spieltags tut, sondern es wird auch gegrillt, und Auftritte der Cheerleader und des Maskottchens verkürzen die Zeit bis zum Spiel.

Der erfolgreiche Quarterback der Broncos, Peyton Manning, der nicht nur durch seine OMAHA-Rufe vorm Snap legendär wurde, besitzt landesweit zahlreiche Restaurants, die seinen Namen tragen. Allein in der Region um Denver nennt er über 30 »Papa John's«-Pizzarestaurants sein Eigen.

Neben dem im Rezept beschriebenen Mecklenburger gibt es im Stadion eine weitere Spezialität, die nach einem Spieler benannt bzw. von ihm entwickelt wurde: Mark Schlereth's »Stinkin' Good Green Chile Fries« gibt es nicht nur im Stadion, sondern auch landesweit in Supermärkten als Fertigprodukt.

Die Fries werden in drei Schärfegraden angeboten: »Just for Kickers« – mild, »Opening Kick off« – medium und »Red zone Blitz« – hot.

Restaurant-Tipp

Dickeys BBQ

HÄHNCHENKEULEN-STEAK-SANDWICH

FÜR 4 PERSONEN
ZUBEREITUNG: 20 MINUTEN
SCHWIERIGKEIT: ✪✪✪

2 Stangen Sellerie
Salz
Zucker
4 Hähnchenkeulen
2 EL BBQ-Gewürz
4 Scheiben Toast
100 g Champignons
frisch gemahlener Pfeffer
1 EL Butter
abgeriebene Schale und Saft von 1 unbehandelten Zitrone
1 EL fein geschnittene glatte Petersilie
Sriracha
Mayonnaise aus der Spritzflasche

Schon gewusst? Das Beinfleisch des Hähnchens enthält im Vergleich zum Brustfleisch viermal soviel Kollagen. Das Kollagen wandelt sich beim Garen in Gelatine um und sorgt so dafür, dass das Keulenfleisch viel zarter, saftiger und geschmackvoller ist als die Brust. Die Schenkel vertragen gut Hitze, ohne schnell auszutrocknen. Das Original-Sandwich gibt es in Mannings Restaurant in New Orleans.

1. Den Staudensellerie mit einem Gemüsehobel schräg in feine Scheiben hobeln, in eine Schüssel geben und leicht salzen und zuckern; 10 Minuten stehen lassen.

2. Die Hähnchenkeulen auf der Innenseite am Knochen entlang aufschneiden und die Knochen entfernen. Das Fleisch von beiden Seiten mit dem BBQ-Gewürz leicht würzen und ebenfalls 10 Minuten ziehen lassen.

3. Das Fleisch zuerst etwa 15 Minuten bei 150 °C indirekt grillen und dann weitere 10 Minuten bei mittlerer Temperatur unter mehrmaligem Wenden direkt grillen, bis es durchgegart und die Haut knusprig ist.

4. Zwischendurch das Brot toasten und die Pilze in etwa 3 mm dünne Scheiben schneiden. Die Pilze leicht salzen und pfeffern.

5. Die Butter in einer Pfanne oder einem anderen geeigneten Gefäß auf dem Grill schmelzen lassen und die Champignonscheiben darin etwa 5 Minuten direkt braten. Aufpassen, dass die Pfanne nicht zu heiß wird, damit die Butter nicht verbrennt. Den Sellerie, die Zitronenschale und den -saft sowie die Petersilie dazugeben und unterrühren.

6. Die Mischung gleichmäßig auf den Toastscheiben verteilen. Das gegrillte Hähnchenfleisch mit der Hautseite nach oben darauflegen und ein paar Spritzer Sriracha und Mayonnaise darübergeben.

DER MECKLEN-BURGER

FÜR 4 PERSONEN
ZUBEREITUNG: 20 MINUTEN
SCHWIERIGKEIT: ✪✪✪

4 Rindfleisch-Pattys (à 180 g)
4 EL kräftiger Blauschimmelkäse (beispielsweise Roquefort)
8 Streifen Bacon
4 Burgerbrötchen
4 dicke Scheiben Fleischtomate, gelb oder rot (etwa 1 cm dick)
Salz
frisch gemahlener Pfeffer
50 ml Mayonnaise
1 Handvoll Blattsalat
12 Scheiben Dillgurken
50 ml BBQ-Sauce

EQUIPMENT
Grillplatte

Tipp Wer mag, kann die Mayonnaise geschmacklich passend zum Käse mit 1 EL fein geriebener Birne aufpeppen.

Schon gewusst? Der Burger ist nach dem Linebacker Karl Mecklenburg benannt, der von 1983–1995 bei den Broncos spielte. Mit vier Sacks in einem Spiel hält er Vereinsrekord.

1. Den Grill auf 200 °C vorheizen. Die Rindfleisch-Pattys je nach gewünschtem Gargrad 5–10 Minuten unter mehrfachem, vorsichtigem Wenden direkt auf einer Grillplatte grillen. Nach dem letzten Wenden je 1 EL Blauschimmelkäse auf die Pattys geben und diese abdecken, beispielsweise mit einer Cloche, damit der Käse schneller schmilzt. Die Pattys noch etwa 1 Minute grillen, bis der Käse zerlaufen ist.

2. Parallel dazu auch den Bacon grillen, bis er schön kross und das Fett ausgetreten ist.

3. Die Burgerbrötchen aufschneiden und zum leichten Toasten mit der Schnittfläche nach unten auf die Grillplatte in das ausgelassene Baconfett legen, das gibt nochmal mehr Geschmack. Die Tomatenscheiben salzen und pfeffern.

4. Die vier unteren Hälften der Brötchen mit Mayonnaise bestreichen und auf jede eine Tomatenscheiben legen. Darauf etwas Blattsalat geben und jeweils einen Patty daraufsetzen. Die Gurkenscheiben auf die Pattys geben und darauf etwas BBQ-Sauce verteilen.

5. Zum Abschluss jeweils zwei Scheiben knusprigen Bacon auf jeden Burger legen und die oberen Brötchenhälften daraufsetzen.

KANSAS CITY CHIEFS

AFC WEST

Arrowhead Stadium, 76.416 Plätze

Maskottchen Der Plüschwolf K. C. Wolf und ein lebendiges Pferd, der Schecke Warpaint (geritten von Chiefs-Cheerleaderin Susie)

Cheerleader Chiefs Cheerleaders

Teamfarben Rot, Gold, Weiß

Die Fans der Kansas City Chiefs nennen sich Chiefs Nation. Der Teamname »Chiefs«, was soviel wie die Häuptlinge heißt, geht auf einen Geschäftsmann aus Kansas City zurück, der von der Weisheit der indianischen Häuptlinge fasziniert war.

KC-Chiefs-Fans gehören zu den engagiertesten des Landes, und sie wissen, wie man Spaß hat. Kansas City gilt als die »Top Tailgating City« der Nation, und das Arrowhead Stadium ist eines der lautesten Footballstadien, sodass jeder Besucher des Stadions einen unvergesslichen Tag dort verbringen wird!

Die Region um Kansas ist bekannt für ihre BBQ-Tradition. Die KCBS (Kansas City BBQ Society) ist die größte BBQ-Organisation der Welt und veranstaltet BBQ-Wettbewerbe in Nordamerika und Europa.

Die Zielsetzung der KCBS ist klar definiert: Sie möchte das klassische American BBQ als besondere Gartechnik mit niedrigen Temperaturen und Rauch im klassischen Smoker als Wettkampfsport und Kunstform lehren, erhalten und weltweit fördern.

Restaurant-Tipp
Oklahoma Joe

CHIEF'S CHOICE

FÜR 4 PERSONEN
ZUBEREITUNG: 1 STUNDE
SCHWIERIGKEIT: ✪✪✪

500 g Schalotten
2 TL Puderzucker
2 EL Butter
100 ml trockener Rotwein
½ TL Thymianblättchen,
plus Thymian zum Bestreuen
Salz
frisch gemahlener Pfeffer
1 kg Rinderhüfte
1 Baguette
2 Tomaten
1 Romanasalat

WÜRZMAYONNAISE
3 EL Mayonnaise
2 TL körniger Senf
1 Spritzer Zitronensaft
Salz
frisch gemahlener Pfeffer

1. Den Grill auf 200 °C vorheizen. Die Schalotten abziehen und längs halbieren. Eine Grillpfanne auf den Rost stellen, den Puderzucker sanft schmelzen lassen, die Butter und die Schalotten dazugeben und kurz karamellisieren. Die Pfanne mit dem Rotwein ablöschen, den Thymian zufügen und die Schalotten etwa 15 Minuten unter gelegentlichem Rühren indirekt garen, bis sie weich sind und der Rotwein um die Hälfte reduziert ist. Mit Salz und Pfeffer abschmecken.

2. Während die Schalotten garen, den Huftstrang der Länge nach halbieren und beide Teile auf dem heißen Grill direkt von allen Seiten scharf angrillen. Dann bei etwa 120 °C indirekt weitergrillen, bis das Fleisch eine Kerntemperatur von 57 °C erreicht hat; warm stellen.

3. Inzwischen das Baguette aufschneiden. Die Tomaten in etwa 1 cm dicke Scheiben schneiden und die Salatblätter voneinander trennen. Tomatenscheiben und Salat kurz grillen, bis sich Röststellen bilden. Die Zutaten für die Würzmayonnaise miteinander verrühren.

4. Die untere Schnittfläche des Baguettes ebenfalls angrillen, dann mit der Würzmayonnaise bestreichen. Die Tomaten und den Salat darauf verteilen. Das Fleisch in etwa 5 mm dünne Scheiben schneiden und das Baguette damit großzügig belegen, salzen und pfeffern. Die warmen Rotweinschalotten daraufgeben und mit ein paar Thymianblättern garnieren. Den Baguettedeckel auflegen und das Sandwich in vier Teile schneiden.

KALBS-RIBS

FÜR 4 PERSONEN
ZUBEREITUNG: 5 STUNDEN, PLUS 2 STUNDEN ZUM MARINIEREN
SCHWIERIGKEIT: ✪✪✪

2 kg Kalbsribs
2 EL Senf
4 EL BBQ-Gewürz
100 ml BBQ-Sauce

1. Die Knochenhaut von den Ribs entfernen und die Ribs dünn mit Senf einreiben. Das BBQ-Gewürz gleichmäßig verteilt auf die Ribs streuen und andrücken.

2. Die Ribs in Frischhaltefolie einwickeln und für mindestens 2 Stunden zum Marinieren in den Kühlschrank stellen.

3. Den Grill auf 100 °C vorheizen, die Ribs auflegen und 4–5 Stunden indirekt garen, bis sie weich sind. Das Fleisch in der letzten Stunde während des Garens mit BBQ-Sauce bestreichen.

4. Um zu verhindern, dass das Fleisch während des Grillens zu viel Wasser verliert und austrocknet, kann man eine Metallschale mit Wasser auf den Rost oberhalb der Glut stellen.

5. Als Beilage passen Krautsalat und Brot gut zu den Ribs.

Schon gewusst? Coleslaw, der amerikanische Krautsalat, wird mit einem cremigen Dressing aus Mayonnaise und/oder Joghurt angemacht und ist dadurch saftiger und vollmundiger als die bei uns übliche Variante.

OAKLAND RAIDERS

AFC WEST

Oakland-Alameda County Coliseum, 56.063 Plätze

Maskottchen Bei solchen Fans braucht man kein Maskottchen, yeah!

Cheerleader Oakland Raiderettes

Teamfarben Schwarz, Silber

Die Raiders gelten als Bad Boys der National Football League (NFL). Dies geht auf ihre aggressive Spielweise in den 1970er- und 1980er-Jahren zurück, die ihnen aber immerhin drei Superbowl-Siege bescherte.

Die Fans der Raiders, die Raider Nation, gelten als die heißblütigsten der Liga. Sie zeichnen sich durch extreme Lautstärke, Leidenschaft und – während der erfolglosen Jahre – Leidensfähigkeit aus. Mit ihren aufwendigen Kostümen von Darth »Raider« bis hin zu Piraten-Kapitänen pflegen sie ihr Image als Outlaws. Der lauteste und aktivste Fanblock der NFL, die berühmt-berüchtigte Südkurve des Oakland-Alameda County Coliseum, wird nicht umsonst als »black hole« bezeichnet.

Das Catering im Stadion der Raiders ist in diverse Abschnitte mit kulinarischem Schwerpunkt aufgeteilt. Einer der aufgrund des guten Essens beliebtesten Orte ist in section 104 »BBQ Ribs and Things«. Dort dreht sich alles rund um den Grill. Der Tri Tip Juicy Lucy Square Burger ist eines der Highlights aus dem Angebot.

Daneben gibt es noch section 220, auch bekannt als Burrito District, und section 118, wo Saag's Specialty Meats and Sausages beheimatet ist. Das traditionelle Familienunternehmen Saag ist bekannt für die schmackhaftesten Würstchen.

Restaurant-Tipp

Everett and Jones BBQ

TRI TIP JUICY LUCY SQUARE BURGER

FÜR 4 PERSONEN
ZUBEREITUNG: 30 MINUTEN
SCHWIERIGKEIT: ✪✪✪

1 Bürgermeisterstück (Nuss)/
US Tri Tip (etwa 800 g)
Salz
1 TL Senf
1 EL Mayonnaise
1 Gemüsezwiebel
200 ml Rinderbratensauce
200 g Cheddar, frisch gerieben
8 Scheiben Sandwichtoast
frisch gemahlener Pfeffer

EQUIPMENT
Gussplatte

1. Das Bürgermeisterstück parieren und leicht salzen. Den Senf und die Mayonnaise miteinander verrühren und das Fleisch gleichmäßig damit einstreichen.

2. Das Fleisch etwa 45 Minuten bei 150 °C indirekt grillen, bis es eine Kerntemperatur von 53 °C hat. Dann das Stück bei hoher Temperatur direkt unter mehrmaligem Wenden grillen, bis es braune Röststellen hat. Seine Kerntemperatur sollte nicht über 58 °C liegen. Das Fleisch vom Grill nehmen und 10 Minuten ruhen lassen.

3. Die Zwiebel abziehen, in dünne Ringe schneiden und auf der Gussplatte goldgelb braten. Gleichzeitig die Bratensauce auf dem Grill in einer flachen Aluschale erwärmen.

4. Die Zwiebel und den Cheddar gleichmäßig auf vier Scheiben Toast verteilen und die anderen vier Brotscheiben darauflegen. Die Toasts 10–15 Minuten indirekt unter mehrfachem Wenden bei etwa 180 °C grillen, bis sie braun und kross sind und der Käse geschmolzen ist. Die Toasts warm stellen.

5. Das Fleisch in 3 mm dünne Scheiben schneiden und von beiden Seiten kurz und bei hoher Temperatur direkt angrillen.

6. Die Toasts aufklappen, das Fleisch hineingeben und mit Salz und Pfeffer würzen. Die Toasts wieder zuklappen und von beiden Seiten für je 5 Sekunden in die Bratensauce tunken, sodass sich die Brote vollsaugen, aber nicht matschig werden.

TAILGATE DOG

FÜR 4 PERSONEN
ZUBEREITUNG: 1 STUNDE
SCHWIERIGKEIT: ✪✪✪

BBQ-CHUTNEY

3 EL Olivenöl
1 Gemüsezwiebel, gewürfelt
½ TL geriebener Ingwer
1 Knoblauchzehe, fein gehackt
1 Prise Cayennepfeffer
2 EL süße Chilisauce
1 EL Teriyaki-Sauce
1 Dose (250 g) Tomatenstücke
Saft und Schale von 1 unbehandelten Limette
1 Msp. Senf
1 Prise Salz
2 EL Röstzwiebeln

MAC CHEESE

400 ml Milch
400 g Makkaroni
je 50 g Cheddar, Gouda und Mozzarella, fein gewürfelt

8 Scheiben Bacon
4 Hotdog-Brötchen
4 Hotdog-Würstchen
1 Glas (250 g) eingelegte Jalapeñoscheiben, abgetropft

EQUIPMENT

Grillplatte

1. Zuerst das BBQ-Chutney zubereiten. 1 EL Olivenöl in einem Topf auf dem Grill oder Seitenbrenner bei mittlerer Temperatur erwärmen und die Zwiebelwürfel darin anschwitzen, bis sie leicht braun werden. Den Ingwer, den Knoblauch, den Cayennepfeffer, die Chilisauce und die Teriyaki-Sauce dazugeben und erwärmen. Die Tomaten und den Limettensaft hinzufügen und die Sauce einköcheln lassen, bis sie dickflüssig wird. Dann vom Grill nehmen und leicht abkühlen lassen.

2. Zum Schluss die Limettenschale, das restliche Öl und den Senf unterrühren. Die Sauce mit Salz abschmecken und abschließend die Röstzwiebeln unterheben.

3. Für die Käsenudeln Mac Cheese die Milch aufkochen und die Nudeln darin in etwa 10 Minuten al dente kochen. Vom Herd nehmen und den Käse unterrühren.

4. Während die Nudeln kochen den Hotdog zubereiten. Den Bacon auf einer Grillplatte direkt kross grillen. Die Brötchen aufschneiden (nicht durchschneiden), aufklappen und mit der Schnittfläche in dem ausgelassenen Baconfett anbraten. Gleichzeitig auf der Platte die Würstchen direkt grillen, bis sie leichte Röststellen haben.

5. Die Brötchen mit dem BBQ-Chutney bestreichen und in jedes eine Wurst hineinlegen. Auf eine Seite über die gesamte Wurstlänge Mac Cheese geben und auf der anderen Seite der Wurst Baconstückchen verteilen. Die Hotdogs mit Jalapeñoringen garnieren und servieren.

LA CHARGERS

AFC WEST

StubHub Center, 27.167 Plätze (2017 das kleinste Stadion der NFL)

Maskottchen Boltman (Rasender Blitz), trägt das Trikot mit der Nummer 1

Cheerleader Charger Girls

Teamfarben Taubenblau, Marineblau, Weiß, Gold

Die Chargers wurden 1960 in LA gegründet und sind ein Jahr später nach San Diego gezogen. Nach fast 60 Jahren, Anfang 2017, ist das Team von San Diego wieder an seinen Gründungsort Los Angeles zurückgekehrt.

Der Name Chargers entstand durch einen Namenswettbewerb. Dem damaligen Eigentümer des Teams, Barron Hilton, gefiel der Name sehr gut, vielleicht weil er gerade eine Kreditkarte mit der Bezeichnung »Hilton Charge Card« eingeführt hatte.

Fluch auf den Chargers?

Aus der Mannschaft, die 1995 im Superbowl stand und ihn gegen die 49ers 26:49 verloren hat, sind mittlerweile acht Spieler im Alter von unter 44 Jahren auf die merkwürdigste Weise ums Leben gekommen.

Die Todesursachen reichen von Autounfall über Blitzschlag, Flugzeugabsturz und einer Überdosis Drogen bis hin zu mehreren Herzinfarkten. Das letzte Opfer dieser Serie war Junior Seau, der sich nach Angaben der Polizei selbst in die Brust geschossen hat.

Ich erinnere mich noch gut, wie ich Junior Seau 1994 bei einem Pre-Season-Spiel, dem damaligen American Bowl gegen die Giants in Berlin erleben, und etwas näher beim Training beobachten konnte.

Restaurant-Tipp

My Father's BBQ im Stadion

PUMPKIN-QUESADILLAS

FÜR 8 PERSONEN ALS VORSPEISE
ZUBEREITUNG: 35 MINUTEN
SCHWIERIGKEIT: ✪✪✪

1 Butternusskürbis
Salz
3 EL Olivenöl
200 g eingelegte Jalapeños
1 rote Chilischote
4 Tortilla-Wraps (18 cm Durchmesser)
200 g Cheddar, frisch gerieben

1. Den Kürbis schälen, halbieren, von den Fasern und Kernen befreien, in 1 cm dicke Scheiben schneiden und leicht salzen. Die Scheiben 20 Minuten bei 160 °C indirekt grillen, bis sie weich sind. Den gegrillten Kürbis mit dem Olivenöl in eine Schüssel geben und mit einer Gabel zerdrücken.

2. Die Jalapeños abtropfen lassen und in 5 mm breite Ringe schneiden. Die Chilischote längs aufschneiden, von den Samen befreien und fein würfeln; unter die Jalapeñoringe mischen.

3. Die Kürbismasse etwa 1 cm dick auf zwei Wraps verstreichen, die Chili-Mischung darüber verteilen und den Cheddar gleichmäßig daraufstreuen. Die beiden verbliebenen Wraps auf die beiden bestrichenen Wraps legen und leicht andrücken. Den Grill auf 150 °C vorheizen. Die Wraps direkt von jeder Seite 3–5 Minuten grillen, bis der Käse zerlaufen ist. Aufpassen, dass sie nicht schwarz werden.

MIESMUSCHELN IN ZITRONENBUTTER

FÜR 6 PERSONEN
ZUBEREITUNG: 15 MINUTEN
SCHWIERIGKEIT: ✪✪✪

100 g Butter
1 TL Wasabipaste
abgeriebene Schale von
1 unbehandelten Zitrone
1 TL fein geschnittener, frischer
Estragon
Fleur de Sel
frisch gemahlener Pfeffer
1 Zitrone
500 g Miesmuscheln
100 ml Weißwein

1. Die Butter, die Wasabipaste und die Zitronenschale mit dem Estragon verrühren und mit Fleur de Sel und Pfeffer abschmecken.

2. Die Zitrone halbieren und mit den Schnittflächen auf eine stark vorgeheizte Grillplatte legen. Nach 3 Minuten die Muscheln dazugeben.

3. Die Muscheln etwa 30 Sekunden mit einem Spatel auf der Grillplatte bewegen. Dann den Wein über die Muscheln gießen und die Platte mit einer Haube, beispielsweise einer Cloche, abdecken, damit sich darunter der Dampf fängt. Die Muscheln noch weitere 30 Sekunden im Dampf garen.

4. Die Muscheln von der Platte nehmen und in eine Schüssel geben. Die gewürzte Butter darübergeben, die gegrillte, angeröstete Zitrone darüber auspressen und die Muscheln durchrühren, bis sich die Butter aufgelöst hat.

5. Zum Aufsaugen der Sauce etwas Weißbrot zu den Muscheln reichen.

NEWYORKER
80
LIONS
30 YEARS LIONS

NEWYORKER
4
30
TOUCHDOWN
02:53

DALLAS COWBOYS
NFC EAST

AT&T Stadium, 105.000 Plätze

Das Stadion verfügt über den größten nicht durch Säulen gestützten Innenraum und zwei der größten HD-Bildschirme (46,3 m × 21,9 m) der Welt.

Maskottchen Rowdy, ein Cowboy

Cheerleader Dallas Cowboys Cheerleaders – die DCC. Sie sind das wohl bekannteste Cheerleading-Team der Welt.

Teamfarben Marineblau, Silber, Weiß, Königsblau, Schwarz

Die Dallas Cowboys werden auch Americas Team genannt. Mit einem Nettowert von 4 Milliarden US-Dollar gelten sie als wertvollster Sportverein der Welt, so das Forbes Magazin.

Im Jahr 1971 reiste der damalige Cheftrainer der Dallas Cowboys, Tom Landry, mit dem Ziel nach Europa, einen Fußballspieler mit außergewöhnlicher Schusskraft als Kicker für seine Mannschaft zu gewinnen. Er überzeugte Toni Fritsch, der damals bei Rapid Wien spielte, in die USA zu gehen und für die Cowboys zu spielen. Das Team gewann in der darauffolgenden Saison den Superbowl VI. Fritsch führte den sogenannten »Soccer Style« ein: Er schoss den Ball nicht mit der Spitze des Fußes, sondern wie in Europa üblich mit dem Rist von rechts oder links. So revolutionierte er nicht nur die Schusstechnik beim Football, sondern erhöhte auch die Trefferquote von 45 auf 75 Prozent.

Der Österreicher hatte aber noch einen weiteren Vorteil: Aufgrund seiner rudimentären Englischkenntnisse war er quasi immun gegen den üblichen trash talk der gegnerischen Spieler, die versuchten, den Kicker auf diese Art abzulenken und so aus dem Takt zu bringen. Leider war er dadurch aber auch oft zur falschen Zeit am falschen Ort und kam zu spät zu Trainings oder zum Spiel, da er die Anweisungen der Coaches nicht komplett verstand.

GRINGO HUEVOS RANCHEROS

FÜR 6 PERSONEN
ZUBEREITUNG: 20 MINUTEN
SCHWIERIGKEIT: ✪✪✪

100 g Butter
6 Scheiben Toast
1 Dose (415 g) Baked Beans von Heinz
6 Eier
Salz
frisch gemahlener Pfeffer
100 g Cheddar, frisch gerieben

EQUIPMENT
Grillplatte

1. Die Grillplatte auf dem Grill erhitzen. 2 EL Butter darauf zerlassen.

2. Aus den Toasts mit einem Glas oder Ausstechring etwa 8 cm große Kreise ausstechen und diese sowie die Toasts mit Loch von beiden Seiten mit der zerlassenen Butter bestreichen.

3. Die Dose öffnen und die Bohnen in der Dose auf dem Grill erwärmen.

4. Die Brotscheiben und die runden Mittelstücke auf die Grillplatte legen. Jeweils ein Ei aufschlagen und in die Löcher der Toastscheiben gleiten lassen, etwa 3 Minuten braten. Die Brotkreise und -scheiben mitsamt Spiegelei mit einem Spatel wenden, salzen und pfeffern und weitere 3 Minuten braten.

5. Je ein bis zwei Esslöffel warme Bohnen auf die Eier-Toasts geben, den Käse darüber verteilen und die Eier-Käse-Toasts mit einer Haube abdecken, bis der Käse geschmolzen ist. Die Toasts auf Tellern mit den restlichen Bohnen und den ausgestochenen Brotkreisen anrichten.

TEXAS TORTA

FÜR 1 PERSON
ZUBEREITUNG: 20 MINUTEN
SCHWIERIGKEIT: ✪✪✪

2 EL Butter
4 Scheiben Geflügelsaftschinken
1 Wiener Würstchen
½ rote Zwiebel, in Ringe geschnitten
4 Scheiben Cheddar
1 Burgerbrötchen
50 g geriebener Cheddar
50 g geriebener Mozzarella
2 Scheiben Schinken
1 grüne Chilischote, längs geviertelt und von den Samen befreit
2 Tomatenscheiben
1 Avocado
50 g Mais aus der Dose (nach Belieben)

EQUIPMENT
Gussplatte

Schon gewusst? Dieses Gericht ist nicht nur ein Klassiker beim Tailgating vorm Stadion, sondern auch bei den Fans im Stadion.

1. Eine Gussplatte auf dem Grill bei 200 °C erhitzen. Die Butter darauf schmelzen lassen. Je zwei Scheiben Geflügelsaftschinken überlappend auf die Gussplatte legen. Das Würstchen längs halbieren und mit den Zwiebelringen ebenfalls auf der Gussplatte braten.

2. Jeweils eine Scheibe Cheddar auf den Geflügelsaftschinken legen und auf einer Schinkenportion die Würstchenhälften und die Zwiebelringe verteilen.

3. Das Brötchen aufschneiden und mit den Schnittflächen auf die Gussplatte legen.

4. Den geriebenen Käse über das Würstchen und die Zwiebeln streuen. Darüber die verbliebenen zwei Scheiben Geflügelsaftschinken legen und diese mit noch einer Scheibe Cheddar und dem Schinken bedecken. Den Stapel mit einer Palette wenden und zwei Streifen Chili, die Tomatenscheiben und die verbliebene Scheibe Cheddar darauflegen.

5. Den Mais, falls verwendet, abtropfen lassen und mit auf die Platte geben.

6. Die Avocado schälen und in Scheiben schneiden. Eine Hälfte der Avocado auf den Stapel legen, den Mais nach Belieben darüberstreuen und mit der oberen Brötchenhälfte bedecken. Auf die untere Brötchenhälfte die restliche Avocado verteilen. Jetzt den Stapel mit einer Palette daraufsetzen und den Burger halbieren.

COWBOYS

NEW YORK GIANTS

NFC EAST

MetLife Stadium, 82.566 Plätze

Maskottchen und Cheerleader Obwohl sie eines der ältesten Teams der NFL sind, haben die New York Giants – wie auch die Green Bay Packers – weder Maskottchen noch Cheerleader.

Teamfarben Königsblau, Rot, Weiß

Für nur 500 Dollar (heutiger Wert 6835 Dollar) kaufte der New Yorker Tim Mara 1925 die Lizenz von der NFL zur Gründung der Giants. Der aktuelle Wert der Giants, die bis heute zur Hälfte im Besitz der Familie Mara sind, beträgt laut Forbes 2,8 Milliarden US-Dollar.

Den ersten Touchdown eines deutschen Spielers in der NFL erzielte im Jahr 2014 der Defense Tackle Markus Kuhn für die Giants, als ein Offense-Spieler der Titans den Ball durch einen Fumble verlor und Kuhn ihn 26 Yards zurück in die Endzone trug.

Das Tailgating vorm MetLife Stadium ist eines der beliebtesten in den Staaten, was dazu führte, dass aus einfachen Tailgatern über die Jahre professionelle Caterer wurden. Da es aber verboten ist, Essen auf dem Parkplatz zu verkaufen, kann man Tailgate-Tickets gegen eine »obligatorische Spende« bei den Firmen erwerben. Diese sind aber oft schon vor der Saison vergriffen. Viele der Fans gehen nicht ins Stadion, sondern verfolgen es auf mitgebrachten Flachbildschirmen auf dem Parkplatz und feiern währenddessen.

QUARTERBACK SNACK

ERGIBT INSGESAMT 24 SNACKS
ZUBEREITUNG: 1 STUNDE
SCHWIERIGKEIT: ✪✪✪

2 Packungen Flammkuchenteig, rechteckig ausgerollt (Fertigprodukt)
Backspray

FÜLLUNG »CHAMPI(GN)ONS«

8 Champignons
Salz und frisch gemahlener Pfeffer
2 Frühlingszwiebeln
½ Chilischote
½ TL frische Thymianblätter
1 TL Mayonnaise
Saft und abgeriebene Schale von ½ unbehandelten Zitrone
50 g Parmesan, fein gerieben

FÜLLUNG »ITALIA«

2 Frühlingszwiebeln
2 Tomaten, von den Samen befreit und gewürfelt
1 Paprikaschote, geputzt und gewürfelt
Salz und frisch gemahlener Pfeffer
2 TL Balsamicoessig
1 EL Olivenöl
4 Scheiben Serranoschinken
8 Kugeln Mini-Mozzarella
1 Bund Basilikum

1. Die Form mit dem Backspray einfetten, eine Teigplatte darauflegen und vorsichtig in die Mulden drücken. Für die Füllung »Champi(gn)ons« die Stiele der Champignons herausbrechen und wegwerfen. Die Köpfe in feine Scheiben schneiden und acht Mulden mit je drei oder vier Pilzscheiben auslegen; leicht salzen und pfeffern.

2. Den Rest der Champignonscheiben fein würfeln und leicht salzen. Die weißen Teile der Frühlingszwiebeln längs halbieren und in feine Halbringe schneiden. Die halbe Chilischote fein würfeln. Alles und den Thymian mit der Mayonnaise sowie Zitronensaft und -schale vermischen. Die Hälfte des Parmesans auf die Champignons in die Mulden geben. Die Champignon-Mayonnaise darüber verteilen und mit dem restlichen Parmesan abdecken.

3. Für die Füllung »Italia« den weißen Teil der Frühlingszwiebeln längs halbieren und in feine Halbringe schneiden. Die Frühlingszwiebeln mit den Tomaten- und Paprikawürfeln vermischen, salzen, pfeffern, den Balsamicoessig und das Öl dazugeben und alles verrühren. Die Schinkenscheiben halbieren und acht Mulden damit auslegen. Je 1 TL der Gemüsewürfel daraufgeben, in die Mitte eine Mulde drücken und die Mozzarellakugeln hineinsetzen. Abschließend auf jede Kugel zwei oder drei Basilikumblätter geben.

4. Für die Füllung »3rd & 8« die verbliebenen acht Mulden mit den Chorizoscheiben auslegen. Die Bohnen daraufgeben und mit dem geriebenen Cheddar abdecken. ▶

FÜLLUNG »3RD & 8«
24 dünne Scheiben Chorizo
150 g Baked Beans, abgetropft
100 g Cheddar, frisch gerieben

EQUIPMENT
Minimuffinform mit 24 Mulden

(ABBILDUNG SIEHE SEITE 170)

5. Die zweite Teigplatte auf das gefüllte Blech legen und den Teig an den Seiten jeder Mulde leicht andrücken. Die Form für etwa 20 Minuten in den Kühlschrank stellen. Den Backofen auf 200 °C vorheizen.

6. Die Form vorsichtig über der Arbeitsplatte stürzen. Die gefüllten Mulden mit einem scharfen Messer voneinander trennen, sodass 24 Snacks entstehen. Noch einmal prüfen, ob die Teigtaschen an den Rändern verschlossen sind, dann auf einen mit Backpapier ausgelegten Rost legen und 20 Minuten bei 200 °C backen.

REUBEN-SANDWICH

FÜR 4 PERSONEN
ZUBEREITUNG: 30 MINUTEN
SCHWIERIGKEIT: ●○○

RUSSISCHES DRESSING
250 g Mayonnaise
1 TL Ketchup
1 TL geriebener Meerrettich (aus dem Glas)
1 Zwiebel, gerieben
1 Prise Salz

8 Scheiben Roggenbrot
130 g Butter
8 Scheiben Schweizer Emmentaler, Appenzeller oder Comté
500 g Pastrami oder Corned Beef in Scheiben
200 g Kimchi (ersatzweise Sauerkraut)

1. Sämtliche Zutaten für das Russische Dressing miteinander verrühren.

2. Die Brotscheiben mit dem Dressing bestreichen und mit der bestrichenen Seite nach oben portionsweise in einer Pfanne in je 30 g zerlassener Butter braten. Jeweils zwei Käsescheiben auf vier Brote legen und diese weiterbraten, bis der Käse schmilzt. Die Brote ohne Käse aus der Pfanne nehmen, dicht mit aufgerollten Rindfleischscheiben belegen, darauf den Kimchi geben und mit den restlichen vier Brotscheiben mit der Käseseite nach unten bedecken.

PHILADEPHIA EAGLES

NFC EAST

Lincoln Financial Field, 69.176 Plätze

Maskottchen Swoop, ein Plüsch-Adler, der während der NFL-Saison auch Teil einer wöchentlichen TV-Show im Eagles Kids Club ist.

Cheerleader Philadelphia Eagles Cheerleaders

Teamfarben Mitternachtsgrün, Silber, Schwarz, Weiß

Seit seiner Gründung im Jahr 1933 spielt das Team unter dem gleichen Namen und mit demselben Maskottchen – mit einer Ausnahme, 1943: Während des Zweiten Weltkriegs war das Team gezwungen, mit den Pittsburgh Steelers zu fusionieren und trat in dieser Saison unter dem Namen Philadelphia-Pittsburgh Steagles auf. Ihren ersten Superbowl-Sieg errangen sie 2018 mit 41:33 gegen die New England Patriots.

Die Eagles können auf eine große Zahl treuer Fans zählen. Die Heimspiele sind immer ausverkauft, und die Warteliste für Tickets ist lang. Allerdings sind die Fans aufgrund ihres oft rüden Verhaltens in der Liga nicht sehr beliebt. Ein bekanntes Beispiel ist der sogenannte »Weihnachtsmann-Vorfall« (Santa Clause incident) 1968. Damals zeigten die Eagles-Fans ihren Unmut über die verkorkste Saison, indem sie zur Halbzeit lautstark pfiffen und einen als Santa Clause verkleideten Mann mit Schneebällen attackierten. Vorfälle wie dieser führten dazu, dass der Bierverkauf im Stadion eingeschränkt wurde.

In jüngster Zeit fiel die Spielstätte durch andere Schlagzeilen auf: Sie wurde von 2010 bis 2013 von der Tierrechtsorganisation PETA zum vegetarierfreundlichsten Stadion der NFL ernannt.

1976 veranstalteten die Philadephia Eagles nach einer erfolglosen Phase ein offenes Casting bei dem sich der 30-Jährige Barkeeper Vince Papale gegen Dutzende Bewerber durchsetzte und einen Platz in der Mannschaft erhielt. Die Geschichte wurde 2006 in dem Kinofilm »Unbesiegbar – Der Traum seines Lebens« verfilmt.

Philly, wie die 1,4 Millionen Bewohner ihre Stadt nennen, ist im kulinarischen Steigflug. Die Zahl der Premium-Restaurants hat dort in den letzten Jahren überdurchschnittlich zugenommen. Es gibt Stimmen, die behaupten, man könne in Philly inzwischen besser essen als in New York.

TAILGATE NACHOS

FÜR 4 PERSONEN
ZUBEREITUNG: 30 MINUTEN
SCHWIERIGKEIT: ✪✪✪

GUACAMOLE
2 Avocados
Saft von ½ Limette
3 TL gehacktes Koriandergrün
1 rote Zwiebel, fein gewürfelt
½ rote Chilischote, Samen entfernt, fein gewürfelt
Salz

SOUR CREAM
150 g Quark
50 g Crème fraîche
1 kleine Knoblauchzehe, durchgepresst
1 Schalotte, fein gewürfelt
je 1 Prise Zucker und Salz
2–3 Spritzer Tabasco

NACHOS
4 Tomaten
Salz und frisch gemahlener Pfeffer
2 Frühlingszwiebeln
Saft von ½ Limette
1 EL Olivenöl
8 Scheiben Bacon
8 Eier
1 Tüte Nachos

EQUIPMENT
Grillplatte

1. Für die Guacamole die Avocados halbieren und die Kerne entfernen. Das Fruchtfleisch aus der Schale löffeln, in eine Schüssel geben und mit einer Gabel zerdrücken. Die anderen Zutaten hinzufügen und gut unterarbeiten.

2. Für die Sour Cream alle Zutaten miteinander verrühren.

3. Die Tomaten würfeln und leicht salzen und pfeffern. Die Frühlingszwiebeln halbieren, in feine Scheiben schneiden, mit den Tomaten und dem Limettensaft vermischen und das Olivenöl dazugeben. Den Bacon auf der Grillplatte knusprig braten. Die Eier für Rührei verquirlen und in dem Baconfett braten.

4. Die Nachos auf einer Platte verteilen, das Rührei und den in kleine Stücke zerbrochenen Bacon darüberbröseln. Die Tomaten-Zwiebel-Mischung darüber verteilen und die Sour Cream und Guacamole auf die Nachos klecksen.

PHILLY-CHEESESTEAK-SANDWICH

FÜR 4 PERSONEN
ZUBEREITUNG: 45 MINUTEN
SCHWIERIGKEIT: ✪✪✪

800 g Skirtsteak (Saumfleisch)
150–200 g Provolone
1 Gemüsezwiebel
2 EL Teriyaki-Sauce
1 rundes Fladenbrot
Salz
frisch gemahlener Pfeffer
BBQ-Sauce, erwärmt (nach Belieben)

EQUIPMENT

Räucherplanke aus Ahorn oder Zeder

1. Das Fleisch parieren. Die Fettabschnitte klein würfeln, in eine Gusspfanne geben und darin auf dem Seitenbrenner schmelzen lassen.

2. Den Provolone in zwei 2–3 cm dicke Scheiben schneiden und beiseitelegen. Die Zwiebel abziehen und in feine Scheiben schneiden. Die Zwiebelscheiben in dem ausgelassenen Fett in der Pfanne braten, bis sie braun sind, dann mit der Teriyaki-Sauce ablöschen; beiseitestellen.

3. Den Grill auf maximal 120 °C vorheizen und das Fleisch indirekt grillen, bis es eine Kerntemperatur von 53 °C erreicht hat. Den Provolone auf eine Räucherplanke aus Ahorn oder Zeder legen und diese direkt über den arbeitenden Brenner auf den Grill geben. Das Brett beginnt zu rauchen und verleiht dem Fleisch und Käse eine Rauchnote, gleichzeitig beginnt der Käse zu schmelzen.

4. Das Fleisch vom Grill nehmen und warm stellen. Den Grill auf maximale Hitze hochheizen. Das Steak wieder auf den Grill legen und auf jeder Seite direkt etwa 20 Sekunden grillen, bis sich ein Grillmuster gebildet hat. Dadurch bekommt es Röstaromen. Wer einen Grill mit Sizzlezone von Napoleon besitzt, kann das Fleisch aus dem Garraum nehmen und sofort auf der Sizzlezone fertig grillen.

5. In der Zwischenzeit das Brot vierteln und zu Taschen aufschneiden. Die Schnittflächen angrillen und die Zwiebeln darauf verteilen. Das Fleisch in dünne Scheiben schneiden, salzen und pfeffern und auf den Broten anrichten. Den weichen Provolone darübergeben, die Sandwichs nach Belieben mit BBQ-Sauce würzen und servieren.

WASHINGTON REDSKINS

NFC EAST

Maryland FedExField (seit 1997), 91.704 Plätze

Maskottchen Ein offizielles Maskottchen hat das Team nicht, allerdings gilt der Fan Zema Wiliams als inoffizielles Maskottchen. Er kommt seit 1978 als »Chief Zee«, als Häuptling mit Tomahawk, zu den Spielen. Die Tätigkeit ist jedoch nicht ungefährlich: 1983 wurde er nach einem Sieg der Redskins über die Philadelphia Eagles von deren Fans verprügelt. Und während einer Autogrammstunde 2008 wurde ihm das Kriegsbeil »entführt«. Der damalige Tight End, Chris Cooley, erhielt einen Anruf vom »Entführer«, und tauschte die unbeschädigte Diebesware gegen ein »Lösegeld-Trikot« ein.

Cheerleader Redskins Cheerleaders

Teamfarben Burgunderrot, Gold, Weiß

Mit den Hogettes haben die Washington Redskins eine der berühmtesten Fangruppen der NFL, da die zwölf Männer in Frauenkleidern und mit Schweinenasen zu den Spielen kommen. Mit dieser Verkleidung sind sie auch sehr aktiv bei Wohltätigkeitsveranstaltungen. Der Name Hogettes geht auf die sehr erfolgreiche Periode von 1982 bis 1991 zurück. In dieser Zeit gewann das Team drei Superbowls. Grundlage des Erfolgs war unter anderem die sehr starke O-Line, die der Offense Coach auch gerne »The Hogs« (Schweine) nannte.

Die Redskins machten in der für sie nicht sehr erfolgreichen Nachkriegszeit eher außerhalb des Spielfelds Schlagzeilen. Der damalige Besitzer George Preston Marshall beschäftigte nur weiße Spieler aus den Südstaaten und weigerte sich, farbige Spieler in das Team zu nehmen. Erst nach Androhung von Strafen wie Stadionsperre durch den Kongress lenkte der Besitzer ein und verpflichtete 1962 den ersten farbigen Spieler.

Aus ähnlichen Gründen wurde über das Logo und den Teamnamen Redskins viel diskutiert. Selbst der damalige Präsident der Vereinigten Staaten, Barack Obama, legte dem Eigentümer nahe, den Namen zu ändern. In einer gerichtlichen Entscheidung setzte sich das Team durch. Auch Umfragen unter den Fans ergaben, dass alles so bleiben sollte. Dem finanziellen Erfolg und der Beliebtheit des Teams, das seit 1999 im Besitz von Dan Snyder ist, hat die Diskussion aber keinen Abbruch getan.

REDSKIN POTATOES

FÜR 8 PERSONEN ALS SNACK
ZUBEREITUNG: 1 STUNDE
SCHWIERIGKEIT: ✪✪✪

8 mittelgroße Süßkartoffeln
7 EL Olivenöl
1 TL feines Meersalz
300 g Frischkäse
400 g Schafskäse (Feta)
2 EL Thymianblättchen
1 EL Rosmarinblätter, fein gehackt
½ Chilischote, von den Samen befreit, fein gehackt
150 g rote Zwiebeln, fein gehackt
200 g Fleischtomaten, fein gewürfelt
1 Prise Salz
1 Prise frisch gemahlener Pfeffer
1 TL frisch gepresster Zitronensaft
Thymianzweige zum Garnieren

1. Die Kartoffeln waschen und quer halbieren. Die Schnittfläche mit etwa 3 EL Olivenöl einpinseln und mit dem Meersalz würzen. Den Grill auf 180 °C vorheizen. Die Kartoffeln mit der Schnittfläche nach unten auf den Rost setzen und mit geschlossenem Deckel direkt grillen. Dabei die Kartoffeln etwa alle 5 Minuten um 45 Grad drehen, damit ein Branding-Muster entsteht und sich viele Röstaromen entwickeln. Nach 20 Minuten die Kartoffeln wenden und solange weitergrillen, bis sie weich sind.

2. Die Kartoffeln vom Grill nehmen und abkühlen lassen. Die Rösthaut der Schnittflächen mit einem kleinen Messer vorsichtig abheben und fein hacken. Die Kartoffelhälften mithilfe eines kleinen Löffels aushöhlen, dabei einen mindestens 1 cm dicken Rand stehen lassen. Ein Drittel des Fruchtfleischs im Mixer oder mit einer Gabel zusammen mit dem Frischkäse und 75 g Feta zu einer glatten Creme mixen.

3. Den Rest des Fetas fein würfeln und mit den Kräutern, dem Chili, dem restlichen Olivenöl, der gehackten Rösthaut, den Zwiebeln, den Tomaten und dem Rest des Fruchtfleischs mit einer Gabel zerdrücken und mit Salz, Pfeffer und Zitronensaft abschmecken. Die Kartoffelschiffchen großzügig damit füllen.

4. Die gefüllten Kartoffeln 15 Minuten vor dem Servieren bei 160 °C 10 Minuten indirekt grillen. Die Kartoffeln vom Grill nehmen, mit der Käsecreme verzieren, mit je einem Thymianzweig garnieren und servieren

WAFFEL UND GOLD-NUGGETS

FÜR 4 PERSONEN
ZUBEREITUNG: 1 STUNDE 15 MINUTEN
SCHWIERIGKEIT: ✪✪✪

BURGUNDER-WAFFELN
150 g weiche Butter
75 g Zucker
1 Päckchen Vanillezucker
1 Prise Salz
3 Eier
250 g Mehl
2 gestrichene TL Backpulver
100 ml Milch
100 ml Rote-Bete-Saft
Backspray
Puderzucker

GOLD-NUGGETS
3 Hähnchenbrustfilets
Salz
frisch gemahlener Pfeffer
1 Tüte Kartoffelchips, gesalzen
4 Eier
200 g Mehl
1 l Fritierfett

EQUIPMENT
Waffeleisen für den Grill

1. Den Grill mit dem Waffeleisen auf 200 °C vorheizen. Für den Waffelteig Butter, Zucker, Vanillezucker und Salz cremig rühren. Die Eier nacheinander unterrühren. Das Mehl mit dem Backpulver vermengen, die Milch mit dem Rote-Bete-Saft vermischen und beides abwechselnd unterrühren. Das Waffeleisen gut einfetten.

2. Pro Waffel etwa 100 ml Waffelteig mittig auf das Waffeleisen geben, dieses schließen und jede Waffel in etwa 6 Minuten braun backen. Die fertigen Waffeln einzeln nebeneinander auf einem Kuchengitter etwas abkühlen lassen. Wer mag, kann die Waffeln bis zum Verzehr im Backofen bei etwa 100 °C warm halten.

3. Jede Hähnchenbrust in vier gleich große Stücke schneiden und diese salzen und pfeffern.

4. Die Chips am besten in der Tüte zerdrücken, sodass Brösel entstehen. Die Eier aufschlagen und verquirlen. Die Fleischstücke zuerst in dem Mehl wenden, dann in die Eier tauchen und abschließend mit den Chipsbröseln panieren.

5. Die Nuggets frittieren, bis sie braun und knusprig sind. Zum Anrichten pro Portion jeweils drei Fleischstücke und eine in Viertel geschnittene Waffel auf einen Teller geben und etwas Puderzucker über die Waffeln streuen.

50
30
10
40
20

CHICAGO BEARS

NFC NORTH

Soldier Field (II), 61.500 Plätze

Maskottchen Natürlich ist das Maskottchen in Chicago ein Bär, der auf den Namen Staley hört. Damit wird A. E. Staley gewürdigt, der die Bears gegründet hatte.

Teamfarben dunkles Marineblau, Orange, Weiß

Was mit den Decatur Staleys 1920 begann, ist zwar nicht die Geschichte des ältesten Profi-Footballteams der USA, doch die daraus hervorgegangenen Chicago Bears sind neben den Arizona Cardinals immerhin das einzige Gründungsmitglied der NFL, das noch existiert.

Die Stadt Chicago spielt in Sachen Fleisch seit jeher eine große Rolle, immerhin werden die meisten Rinder des Landes dort geschlachtet.

Beim Schweinefleisch sieht es ähnlich aus, die meisten Schweine werden heute zu Frankfurter oder Wiener Würstchen verarbeitet. Und natürlich zu Hotdogs, den berühmten »Amiwürstchen«, ohne die kein Footballspiel auf dem Soldier Field komplett ist. In der Windy City, wie man Chicago auch nennt, gibt es eine klassische Hotdog-Kultur, dort hat man die Herstellung der Hotdogs zur hohen Kunst erhoben. Der Klassiker wird mit würzigem Senf, süßem Relish, gehackten Zwiebeln, Tomatenscheiben, Selleriesalz und Paprikastücken verfeinert. Und das sind nur die Basics. Jeder Hotdog-Imbiss hat sein eigenes Rezept. Eine der wohl bekanntesten Varianten ist das »Monsters of the Midway«. Diesen Spitznamen tragen auch die Chicago Bears – genauer gesagt ihre einschüchternde Verteidigung und die Linebacker –, was vor allem auf die Zeit Anfang der 1940er-Jahre zurückzuführen ist, als sie zu den dominierenden Mannschaften zählten. Eine Renaissance erfuhr der Name, als die Mannschaft von 1985 an die Erfolge von damals anknüpfen konnte. Seit einigen Jahren gibt es eine Hotdog-Kreation mit Rindswurst, Zwiebeln und Bacon mit dem Namen »Midway Monster« im Stadion.

Weiterhin ist die Stadt bekannt für ihre Chicago Style Pizza, auch Deep Dish Pizza genannt. Die Pizza »liegt« in einer Schale mit hohem Rand und wird so mit Käse, Tomaten und Wurst gefüllt.

In den USA gilt die Pizza als eines der typischen Gerichte des Mittleren Westens. Doch sie ist nicht nur ein klassisches Gericht Chicagos, sondern so eng mit der Stadt verbunden, dass deep dish als Spitzname für die Jungs aus Chicago verwendet wird.

CHICAGO STYLE PIZZA »DEEP DISH«

FÜR 3–4 PERSONEN
ZUBEREITUNG: 2 STUNDEN
(INKLUSIVE DER RUHEZEIT FÜR DEN TEIG)
SCHWIERIGKEIT: ✪✪✪

TEIG

½ Pkg. Trockenhefe (4 g) oder
¼ Würfel frische Hefe (10,5 g)
85 ml Sonnenblumenöl
280 g Mehl (Type 405)
20 g Hartweizengrieß
1 TL Zucker
1 ½ TL Salz (6 g)

TOMATENSAUCE

Olivenöl
½ kleine Zwiebel, fein gewürfelt
1 kleine Knoblauchzehe, fein gehackt
400 g passierte Tomaten
1 Prise getrocknetes Basilikum
1 Prise getrockneter Oregano

Tipp Die klassische Chicago Deep Dish Pizza wird nur mit Käse und Tomatensauce gefüllt. Wer noch andere Zutaten (Salami, Schinken, Artischocken etc.) in seiner Pizza haben möchte, sollte diese gleich als erste Lage, noch unter dem Käse, auf dem Teig platzieren.

1. Die Hefe in einer großen Rührschüssel in 175 ml warmem Wasser auflösen. Das Öl dazugeben. Mehl, Grieß, Zucker und Salz vermischen. Die trockenen Zutaten mit einem Löffel in das Hefe-Öl-Wasser rühren. Sobald sich die Zutaten verbinden, diese etwa 3 Minuten kneten, bis ein glatter, leicht klebriger Teig entsteht. Kein weiteres Mehl zugeben, lieber mit leicht geölten Händen kneten, wenn der Teig sehr klebrig ist. Den Teig zugedeckt an einem warmen Ort etwa 1 Stunde gehen lassen, bis er sein Volumen verdoppelt hat.

2. Während der Teig geht, die Tomatensauce zubereiten. Etwas Öl in einem Topf erwärmen und die Zwiebel darin 3 Minuten bei mittlerer Temperatur anschwitzen. Den Knoblauch zugeben und kurz anschwitzen. Die Tomaten hinzufügen, erhitzen, mit Basilikum, Oregano, Zucker, Salz und Pfeffer würzen und 15–20 Minuten einkochen lassen, dabei gelegentlich umrühren.

3. Den Teig in zwei ungleiche Hälften teilen (etwa 310 g zu 240 g). Das größere Stück auf einer leicht bemehlten Fläche zu einer Kugel formen, rund ausrollen und eine geölte Springform mit 26 cm Durchmesser damit auslegen. Der Teig sollte etwas über den Rand hängen. Den Teig gut andrücken und darauf achten, dass keine Luft eingeschlossen ist. Überhängenden Teig abschneiden und auf dem Formboden verteilen. Den Mozzarella gleichmäßig in der Form verteilen.

4. Die zweite Teighälfte ausrollen und auf die Mozzarellaschicht legen. Auch diese Teigschicht soll etwas über ▸

2 gestr. TL Zucker
½ gestr. TL Salz
¼ TL frisch gemahlener schwarzer Pfeffer

450 g geriebener Mozzarella
1 EL frisch geriebener Parmesan zum Bestreuen

EQUIPMENT
Springform mit 26 cm Ø

den Rand der Form hängen. Den Teig an den Seiten gut an den unteren Teig drücken. Beide Teige mit einem Messer rundherum auf die gleiche Höhe kürzen, sodass der Teigrand rund 3 cm höher als die in der Form liegende »Pizza« ist. Den Rand zur Hälfte nach unten klappen – nun reicht er seitlich 1,5 cm hoch – und die entstandene kleine Schlaufe an den Rand der Springform drücken.

5. In die obere Teigschicht Löcher reißen, damit die Pizza beim Backen keine Blasen wirft. Die Teigschicht komplett mit Tomatensauce bedecken.

6. Die Pizza mit dem Parmesan bestreuen und im Grill bei 230 °C indirekt grillen oder und auf der mittleren Schiene des Ofens (230 °C Ober- und Unterhitze) in 35–40 Minuten goldgelb backen. Die Pizza 5 Minuten ruhen lassen, dann aus der Form lösen und servieren.

PIG SKIN DOG

FÜR 4 PERSONEN
ZUBEREITUNG: 20 MINUTEN
SCHWIERIGKEIT: ★☆☆

400 g Pulled Pork
100 ml BBQ-Sauce, plus Sauce zum Servieren
4 Wiener Würstchen
4 Hotdog-Brötchen
1 Tüte Chicharonnes (gekochte, getrocknete und in Schweineschmalz frittierte Schweineschwarte)
Sriracha-Mayonnaise (mit Sriracha gewürzte Mayonnaise)

EQUIPMENT
Grillplatte

1. Das Pulled Pork mit der BBQ-Sauce vermischen und warm stellen.

2. Die Wiener Würstchen auf einer Grillplatte bei 180 °C direkt grillen, bis sie ringsum Röststellen haben.

3. Die Brötchen aufschneiden und in jedes 100 g Pulled Pork geben Die Würste darauflegen. Die Chicharonnes darüber verteilen und mit etwas Sriracha-Mayonnaise und BBQ-Sauce garnieren.

DETROIT LIONS

NFC NORTH

Ford Field, 65.000 Plätze

Maskottchen Roary, ein Stofflöwe im Lions-Trikot mit der Nummer 1

Cheerleader Detroit Lions Cheerleaders

Teamfarben Blau, Silber, Schwarz, Weiß

Truthahn, Familie – und natürlich Football: All das gehört für Millionen US-Amerikaner zu Thanksgiving. Und kein anderes Team ist mit Thanksgiving so verbunden wie die Lions. Seit 1945 hat die Mannschaft ununterbrochen am vierten Donnerstag im November ein Heimspiel.

Genau genommen haben die Lions seit 1934 an Thanksgiving ein Heimspiel, aber von 1941–1944 wurden wegen des Zweiten Weltkriegs keine Spiele ausgetragen.

Seit 1989 vergibt John Madden, der legendäre Football-Kommentator und Namensgeber des Computerspiels Madden NFL, jährlich einen »Turkey Leg Award« (Truthahnkeulen-Preis). In der Regel wird dieser bei der Pressekonferenz nach dem Spiel dem besten Spieler der Partie überreicht, der dann genüsslich vor den Kameras in die Keule beißt.

DETROIT CONEY DOG

FÜR 12 PERSONEN
ZUBEREITUNG: 2 STUNDEN
SCHWIERIGKEIT: ✪✪✪

CONEY-SAUCE
4 TL Chilipulver
1 TL Paprikapulver
1 TL gemahlener Cumin
1 TL gemahlener Zimt
1 TL getrockneter Oregano
1 TL Salz
½ TL frisch gemahlener Pfeffer
500 g Rinderhackfleisch
250 g Rinderherz, durch den Fleischwolf gedreht (ersatzweise weiteres Rinderhack)
3 EL Mehl
300 ml Rinderbrühe
3 EL Tomatenmark
2 TL Apfelessig
1 Gemüsezwiebel, in feine Scheiben geschnitten
3 Knoblauchzehen, zerdrückt
1 rote Paprikaschote, in Scheiben geschnitten
½ TL Tabasco

6 gerade Bockwürste
6 Hotdog-Brötchen
Senf
1 Gemüsezwiebel, fein gewürfelt

EQUIPMENT
Grillplatte

1. In einer kleinen Schüssel das Chilipulver, das Paprikapulver, den Cumin, den Zimt, den Oregano, Salz und Pfeffer vermischen; beiseitestellen. In einer großen Pfanne bei hoher Temperatur das Rinderhackfleisch und -herz etwa 5 Minuten braten, bis es braun und krümelig ist. Damit das Fleisch brät und nicht kocht, sollte man es nach und nach in die Pfanne geben.

2. Das Fleisch in ein Sieb geben, die abtropfende Flüssigkeit auffangen. Die Bratflüssigkeit und das Mehl in die Pfanne geben und bei mittlerer Temperatur etwa 15 Minuten rühren, bis beides leicht braun wird. Dann die Rinderbrühe, das Tomatenmark und den Essig unterrühren. Alles 5 Minuten köcheln lassen. Nun das Hackfleisch mit der Zwiebel, dem Knoblauch, der Paprika und dem Tabasco wieder in die Pfanne geben und die Sauce noch 5 Minuten köcheln lassen.

3. Die Chili-Gewürzmischung auf der Grillplatte leicht anrösten. Von der Platte nehmen und zur Sauce geben. Diese noch 1 Stunde köcheln lassen. Gegen Ende der Kochzeit die Würste auf einer heißen Grillplatte bräunen und warm stellen. Ein Drittel der Sauce in den Mixer geben und pürieren, dann wieder unter die Sauce mischen.

4. Die Brötchen auf-, aber nicht durchschneiden. Die Schnittflächen auf der Grillplatte leicht toasten. Die Würstchen längs etwas einschneiden und in die Brötchen legen. Ein paar Spritzer Senf und die Coney-Sauce hineingeben. Die Zwiebelwürfel daraufgeben.

TURKEY LEG

FÜR 4 PERSONEN
ZUBEREITUNG: 1 STUNDE
SCHWIERIGKEIT: ✪✪✪

4 Truthahnunterkeulen
2 EL Geflügelgewürz
BBQ-Sauce

EQUIPMENT
Räucherplanke

1. Die Haut von den Keulen lösen und wie einen Strumpf herunterstreifen. Das freigelegte Fleisch ringsherum leicht einschneiden und mit dem Geflügelgewürz einreiben.

2. Die Haut wieder über das Fleisch nach oben ziehen. Dann die Haut am unteren Knochenende rundherum vom Knochen schneiden und nach oben schieben, sodass das Fleisch komplett mit Haut bedeckt ist und der Knochen frei liegt.

3. Das obere Ende der Keulen mit einem Sägemesser etwas begradigen, sodass sie aufrecht stehen können. Die Keulen auf eine Räucherplanke stellen und bei 150 °C indirekt etwa 45 Minuten grillen. Zwischendurch drei- bis viermal mit BBQ-Sauce bestreichen.

GREEN BAY PACKERS

NFC NORTH

Lambeau Field, 80.735 Plätze

Maskottchen und Cheerleader
Die Green Bay Packers haben weder Maskottchen noch Cheerleader

Teamfarben Dunkelgrün, Gold, Weiß

Green Bay Packers – so heißt das wohl eigentümlichste, originellste und landesweit beliebteste Gebilde innerhalb der NFL. Das 1919 gegründete Team wird in den gesamten USA geschätzt, mit Ausnahme einer Region in Minnesota, wo der Dauerrivale Vikings ansässig ist.

Bei den Heimspielen der Packers gibt es eine Besonderheit, den Lambeau Leap. Dabei springt der Spieler, der einen Touchdown erzielt hat, zu den Fans, die hinter der Endzone stehen. Ins Leben gerufen hat diese Geste der Safety LeRoy Butler am 26. Dezember 1993, nachdem er einen Fumble Return Touchdown erzielte. Die NFL verhängte ab dem Jahr 2000 für extreme Reaktionen wie excessive celebration oder Verhöhnen der gegnerischen Spieler nach einem Punktgewinn eine Strafe von 15 Yards. Der Lambeau Leap fiel aber unter Bestandsschutz und konnte daher nicht verboten werden.

Die Green Bay Packers sind nicht nur das älteste Team, das noch immer an seinem Gründungsort spielt, sondern sie sind auch das einzige Team im US-Profisport, das nicht Eigentum eines oder weniger einzelner Besitzer ist. Es gehört mehr als 350.000 Teilhabern, die zum großen Teil aus der Region kommen. Das 1957 eröffnete Stadion der Packers ist das älteste der NFL.

Die Packers konnten bis dato mit 13 Meisterschaften, darunter vier Superbowls, die meisten Titel der NFL-Geschichte holen. Sie gewannen mit ihrem legendären Trainer Vince Lombardi, nach dem auch die Trophäe benannt wurde, die ersten beiden Superbowls.

Die Fangemeinde der Packers ist sehr leidenschaftlich. Dies zeigt sich daran, dass seit 1960 jedes ihrer Heimspiele ausverkauft ist. Und diese Fans verkleiden sich sehr gerne. Absolutes Erkennungsmerkmal sind die dreieckigen Hüte in Form eines Emmentalers, weshalb sie auch Cheeseheads genannt werden. Die Nähe zum Käse rührt daher, dass Wisconsin aufgrund seiner intensiven Milchwirtschaft auch als America's Dairyland bekannt ist.

GRILL-RACLETTE

FÜR 15–20 PERSONEN ALS VORSPEISE
ZUBEREITUNG: 30 MINUTEN
SCHWIERIGKEIT: ✪✪✪

1 kg Edamer
1 kg Chester
1 große Tüte (500 g) Tortillachips

1. Jedes Käsestück von der Rinde befreien und in etwa 6 cm große Würfel schneiden. Die Würfel abwechselnd auf den Drehspieß stecken und vor dem Backburner grillen. Die Tortillachips in eine große feuerfeste Schale geben und unter den Spieß auf den Grill stellen.

2. Sobald eine Seite des Käses geschmolzen und auf die Tortillachips getropft ist, den Motor des Drehspießes anstellen, sodass dieser den Käsespieß um 90 Grad dreht. Den Motor ausstellen und warten, bis der Käse geschmolzen und auf die Tortillachips getropft ist. Dann den Motor wieder anstellen und den Spieß erneut um ein Viertel weiterdrehen.

3. Sobald sämtlicher Käse geschmolzen und auf die Tortillachips getropft ist, die Schale mit den Chips vom Grill nehmen und mitten auf den Tisch oder die Theke stellen. Wer mag, stellt kleine Teller daneben, damit das Gedränge um die Chips nicht allzu groß ist.

PIGSKIN POTATOE

FÜR 4 PERSONEN
ZUBEREITUNG: 45 MINUTEN
SCHWIERIGKEIT: ✪✪✪

4 große Kartoffeln
25 Scheiben Bacon
100 g Cheddar, frisch gerieben
4 Eigelb
1 Prise Cayennepfeffer
4 TL weiche Butter
Salz
frisch gemahlener Pfeffer
Sauerrahm
frische Thymianblättchen

1. Die Kartoffeln in Salzwasser weich kochen, dann abgießen und etwas auskühlen lassen.

2. Von den Kartoffeln der Länge nach einen kleinen Deckel abschneiden und dann die Kartoffeln mithilfe eines Löffels so aushöhlen, dass ein etwa 1 cm breiter Rand stehen bleibt.

3. 20 Bacon-Scheiben flach ausstreichen und jede Kartoffel mit fünf Scheiben quer umwickeln, sodass der Bacon über die Ränder ins Innere der Kartoffeln ragt. Die Kartoffeln etwa 30 Minuten bei 150 °C indirekt grillen, bis der Bacon kross ist. Das ausgeschabte Kartoffelfruchtfleisch mit 2 EL Cheddar, dem Eigelb, dem Cayennepfeffer, der Butter und je einer Prise Salz und Pfeffer vermischen. Die Kartoffeln vom Grill nehmen und mit der Kartoffelmasse füllen.

4. Den restlichen Cheddar auf die Kartoffeln streuen und diese nochmal auf dem Grill etwa 20 Minuten indirekt backen.

5. Den restliche Bacon kross grillen, abtropfen lassen und zerbröseln. Die Bacon-Brösel auf den Kartoffeln verteilen und je einen Klecks Sauerrahm und ein paar Blätter Thymian darübergeben.

MINNESOTA VIKINGS

NFC NORTH

U.S. Bank Stadium, 66.200 Plätze

Maskottchen Viktor, der blonde muskulöse, lachende Vikinger (Normanne) ist dem Logo auf dem Helm des Teams nachempfunden. Laut Vikings-Homepage wurde er im Jahr 960 geboren, benutzt einen Hammer als Waffe und stellt gerne Bärenfallen auf.

Weiterhin gibt es noch Ragnar, der von 1994–2015 auf einem Motorrad das Team auf das Feld führte. Er war das einzige menschliche Maskottchen der NFL und ist mittlerweile nicht mehr im Amt. Ragnar forderte 20.000 Dollar pro Auftritt, die Vikings verzichteten auf eine Vertragsverlängerung.

Cheerleader Minnesota Vikings Cheerleaders

Teamfarben Lila, Gold, Weiß

Im Jahr 2016 wurde mit Moritz Böhringer das erste Mal ein deutscher Wide Receiver gedraftet. Die Minnesota Vikings sicherten sich ihn in der sechsten Runde auf Gesamtplatz 180. Bis dahin spielte er in der German Football League bei den Schwäbisch Hall Unicorns. Er wurde damit der erste Spieler, der direkt aus Europa in die NFL gedraftet wurde, ohne ein College besucht zu haben. Gleichzeitig ist er der erste Deutsche auf einer sogenannten Offensive Skill Position in der NFL, das heißt einer Position in der Offensive, die im normalen Spielverlauf an den Ball kommt; im Gegensatz zu den Offensive Linemen, denen es in der Regel nicht erlaubt ist, Vorwärtspässe zu berühren.

Der bekennende Vikings-Fan und bekannte Foodscout und Koch Andrew Zimmern (Bizarre Food) hat einige Burger und andere Gerichte kreiert, die im Stadion verkauft werden.

Restaurant-Tipp

Mannys Steakhouse – es ist eines der besten Steakhäuser in den USA und bekannt für seine Spezialität: 85 Tage gereiftes Ribeye Steak.

STUFFED BURGER

FÜR 4 PERSONEN
ZUBEREITUNG: 30 MINUTEN
SCHWIERIGKEIT: ✪✪✪

8 Eier
500 g Rinderhack (20 % Fett)
Salz
frisch gemahlener Pfeffer
100 g Cheddar, frisch gerieben
3 rote Zwiebeln
1 Birne
2 Frühlingszwiebeln
Olivenöl
3 EL fein geschnittene getrocknete Tomaten
50 g Roquefort, zerkrümelt (ersatzweise ein anderer Blauschimmelkäse)
1 TL Zitronensaft
1 Ciabatta, in vier Stücke geschnitten
2 EL Mayonnaise

Schon gewusst? Der Stuffed Burger ist eine Interpretation des über die Landesgrenzen von Minnesota hinaus bekannten »Jucy Lucy«. Ein Jucy Lucy oder Juicy Lucy ist ein Cheeseburger, der den geschmolzenen Käse im Patty statt auf ihm hat.

1. Die Eier zwei Tage vor der Zubereitung einfrieren. 2 Stunden vor der Zubereitung die Eier in einer Schale mit lauwarmem Wasser auftauen lassen.

2. Das Hackfleisch direkt vor der Zubereitung aus dem Kühlschrank nehmen. Das Fleisch mit Salz und Pfeffer würzen. Mit der Burgerpresse vier Pattys für das Füllen vorbereiten. Dazu die Presse zur Hälfte mit Hackfleisch füllen und eine große Mulde hineindrücken.

3. Die Eier trennen. In das Innere der Pattys jeweils zwei Eigelb geben, den Rest des Hohlraums mit Cheddar auffüllen. Die Pattys mit Hackfleisch verschließen.

4. Für den Belag die Zwiebeln abziehen, in feine Streifen schneiden und in eine Schüssel geben. Die Birne vierteln. Ein Viertel schälen, raspeln und hinzufügen. Die Frühlingszwiebeln in feine Ringe schneiden und untermischen. Die Mischung etwas salzen und pfeffern, ein paar Spritzer Olivenöl dazugeben und Tomaten, Roquefort sowie Zitronensaft unterheben.

5. Jedes Patty von beiden Seiten je 3 Minuten bei mittlerer Hitze direkt grillen. Dann auf der indirekten Seite des Grills etwa 10 Minuten ziehen lassen.

6. Die Brotstücke leicht toasten, quer durchschneiden und die Schnittflächen mit Mayonnaise bestreichen. Die Pattys auf die unteren Hälften legen, mit dem Käse-Zwiebel-Topping garnieren und mit der oberen Brothälfte abdecken.

LEMON GRASS MEATBALLS

FÜR 4 PERSONEN
ZUBEREITUNG: 45 MINUTEN
SCHWIERIGKEIT: ✪✪✪

5 Hähnchenkeulen, das Fleisch ausgelöst und zu Hackfleisch verarbeitet
1 Ei
Salz
1 Tüte (100 g) Nachos
1 TL Senf
1 Knoblauchzehe, zerdrückt
½ TL Ingwerpaste
½ TL Zitronengraspaste
1 TL Fischsauce
4 Stängel Zitronengras
2 EL BBQ-Sauce
6 Minzeblätter
1 TL gehacktes Koriandergrün
1 Zwiebel, fein gewürfelt
1 Tomate, fein gewürfellt

1. Das Hackfleisch mit dem Ei vermengen leicht salzen, durchkneten und für 5 Minuten beiseitestellen. Die Nachos zerbröseln. Den Senf, den Knoblauch, die Ingwerpaste, die Zitronengraspaste, die Fischsauce und 1 EL Nachobrösel zum Fleisch geben und alles gut verkneten.

2. Den Grill auf 150 °C vorheizen.

3. Die Hände ein wenig anfeuchten und zwölf gleich große Hackfleischbällchen formen. Jeweils drei Bällchen auf einen Stängel Zitronengras stecken und direkt unter mehrfachem Wenden 15 Minuten grillen. Parallel die BBQ-Sauce in einer Schale erwärmen. Die Spieße vom Grill nehmen, mit BBQ-Sauce bepinseln und mit den restlichen Nachobröseln bestreuen. Die Minze in feine Streifen schneiden und zusammen mit dem Koriandergrün sowie den Zwiebel- und Tomatenwürfeln darübergeben.

ATLANTA FALCONS

NFC SOUTH

Mercedes-Benz Stadium, 75.000 Plätze

Cheerleader Atlanta Falcons Cheerleaders

Teamfarben Schwarz, Rot, Silber, Weiß

Maskottchen In Atlanta ist eines der dienstältesten Maskottchen tätig. Freddie, der Falke, unterhält die Fans bereits seit 35 Jahren. Freddie hat schon einiges von der Welt gesehen, er ist unter anderem in Ägypten, Kuba, Puerto Rico, Guam und Japan aufgetreten – ein echter Wanderfalke also.

Im August 2017 wurde das Stadion eingeweiht – in direkter Nachbarschaft zur bisherigen Spielstätte, dem legendären Georgia Dome. Mit Baukosten von 1,5 Milliarden US-Dollar, geplant waren 700 Millionen, entstand damit die modernste Arena der NFL. Mercedes-Benz sicherte sich mit dem größten Einzelsponsorenvertrag in seiner Geschichte die Namensrechte bis zum Jahr 2042.

Die Falcons sind das einzige Team der NFL, das in den Top Ten der höchsten Punktunterschiede zweimal auftaucht. 1973 schlugen sie die New Orleans Saints mit 62:7. Drei Jahre später mussten sie allerdings eine ordentliche Klatsche gegen die LA Rams hinnehmen, diese schickten sie mit 59:0 vom Feld.

Für die Falcons spielte von 1995–2000 und von 2006–2007 der aktuelle All-Time-Scorer der Liga. Der im August 1960 in Kopenhagen geborene Däne Morton Anderson erzielte in seiner Laufbahn als Kicker mit Extrapunkten und Field Goals 2544 Punkte. Im Dezember 2007 musste er aufgrund einer Knieverletzung nach 25 Jahren in der NFL in den Ruhestand gehen.

Ein Vergleich mit anderen Offense Spielern verdeutlicht seine Leistung: Mit 208 Touchdowns und 1248 Punkten steht der legendäre Jerry Rice heute an der Spitze des All-Time-Scorer-Rankings.

Restaurant-Tipp

The Capital Grille
Hier gibt es die wohl besten Steaks des Südens, serviert in elegant-urbaner Atmosphäre.

CHOPPED PORK

FÜR 4 PERSONEN
ZUBEREITUNG: 45 MINUTEN
SCHWIERIGKEIT: ✪✪✪

2 kleine Schweinefilets (à 200 g)
Salz
8 Scheiben Weißbrot
2 EL eingelegter Ingwer

MARINADE
1 EL Mirin
1 EL Reisessig
1 EL Sesamöl
1 EL Honig
1 EL Sojasauce
1 TL Senf
1 Prise Cayennepfeffer

SALAT
¼ Kopf Rotkohl
1 Prise Salz
1 Prise Zucker
1 Karotte
½ Birne
8 Blätter Chinakohl
2 EL Olivenöl
1 EL Apfelessig

EQUIPMENT
Grillplatte

1. Das Schweinefilet leicht salzen. Den Grill auf 200 °C vorheizen. Das Fleisch ringsum direkt anbraten, bis es braun ist, nicht durchbraten; abkühlen lassen. Damit es im Inneren nicht weitergart, legt man es am besten sofort in einem dicht verschlossenen Gefrierbeutel in kaltes Wasser.

2. Sämtliche Zutaten für die Marinade verrühren. Das abgekühlte Fleisch mit einer Aufschnittmaschine in dünne Scheiben schneiden und mit der Marinade vermischen.

3. Für den Salat den Rotkohl fein hobeln, Salz und Zucker dazugeben und sorgfältig untermengen.

4. Die Karotte und die Birne schälen und grob raspeln. Den Chinakohl in feine Streifen schneiden. Sämtliche Zutaten für den Salat vermischen. Die Fleischscheiben portionsweise aus der Marinade nehmen und auf einer heißen Grillplatte 5 Minuten grillen, währenddessen mehrmals wenden. Die Marinade dabei löffelweise mit auf das Fleisch geben.

5. Das Fleisch auf vier Weißbrotscheiben verteilen, jeweils ein wenig eingelegten Ingwer darübergeben und mit dem Salat und einer weiteren Scheibe Brot abdecken.

ANCHO CHICKEN TACOS

FÜR 4 PERSONEN
ZUBEREITUNG: 30 MINUTEN
SCHWIERIGKEIT: ✪✪✪

4 Hähnchenbrustfilets
Salz
1 TL Ancho-Chilipulver (ersatzweise scharfes Paprikapulver)
1 TL Cumin
2 Avocados
Saft und abgeriebene Schale von 1 unbehandelten Limette
100 g Sauerrahm
½ Spitzkohl
Zucker
4 Frühlingszwiebeln
¼ Bund Koriandergrün
1 EL Sonnenblumenöl
4 Tortilla-Wraps

1. Den Grill auf 150 °C vorheizen. Jede Hähnchenbrust in vier etwa gleich große Streifen schneiden, etwas salzen und mit dem Chilipulver sowie Cumin würzen.

2. Die Hähnchenstreifen unter mehrfachem Wenden etwa 10 Minuten direkt grillen.

3. Die Avocados schälen, in kleine Würfel schneiden, leicht salzen und mit dem Saft einer halben Limette mischen. Die Limettenschale mit dem Sauerrahm vermengen.

4. Den halben Spitzkohl in feine Steifen schneiden, je eine Prise Salz und Zucker dazugeben und gut untermengen. Von den Frühlingszwiebeln nur den weißen Teil in feine Ringe schneiden und zu dem Kohl geben. Das Koriandergrün fein schneiden und mit dem Öl und dem restlichen Limettensaft unter den Salat mischen.

5. Die Wraps auf dem Grill erwärmen und mit dem Sauerrahm bestreichen. Die Hähnchenstreifen darauflegen und mit Avacadowürfeln und Salat bedecken.

Schon gewusst? Als Ancho bezeichnet man die reife, getrocknete Frucht der Poblano, einer Chilisorte. Der Geschmack wird oft als rauchig, mit Anklängen von Schokolade oder Lakritz beschrieben. Die Würzkraft bzw. Schärfe der Poblano kann man mit ungarischem Paprika vergleichen.

CAROLINA PANTHERS

NFC SOUTH

Bank of America Stadium Charlotte, 73.500 Plätze

Cheerleader Carolina Topcats

Teamfarben Blau, Schwarz, Silber, Weiß

Maskottchen Sir Purr, ein schwarzer Panther mit der Trikotnummer 1

Einer der bekanntesten Spieler der Panthers ist Offensive Tackle Michael Oher, der aufgrund seines Körperbaus, seines Instinkts und seiner Schnelligkeit ein idealer Left Tackle war. Sein Leben vor und während des Colleges wurde 2006 verfilmt. In dem Film »The Blinde Side« übernahm Sandra Bullock die Rolle seiner Pflegemutter. Doch trotz des Staraufgebots – oder vielleicht gerade deswegen – war Michael Oher nicht unbedingt ein Fan dieses Films. Er mochte den Medienrummel um seine Person in Bezug auf den Film nicht. Mit dem Filmtitel ist die für Angreifer bei einem rechts werfenden Quarterback »blinde Seite« gemeint. Sie sollte in der Regel von dem stärksten Mann der Offense Line, dem Left Tackle, besetzt werden. Im Juli 2017 haben die Carolina Panthers Michael Oher aufgrund seiner körperlichen Verfassung entlassen.

Kulinarisch ist Carolina für das BBQ bekannt. Als Hauptzutat spielt das Schwein in allen Varianten eine wichtige Rolle – vom klassischen Pulled Pork mit Senf-Essig-Sauce über Spareribs bis hin zum Whole Hog, einem über Stunden im Rauch gegarten Schwein.

Über 200 BBQ-Restaurants, hunderte Pitmaster und Saucenkreationen machen den Reiz des sogenannten BBQ-Trail aus. Der Trip quer durchs Land, der bei BBQ-Fans aus aller Welt auch der »Jakobsweg« des BBQ genannt wird, beginnt im Osten North-Carolinas im »Skylight Inn BBQ!« in Ayden und führt über 22 weitere urige BBQ-Hotspots zu »Herb's Pit Bar-B-Que« in Murphy.

SPANFERKELRÜCKEN MIT MELONE UND BOILED PEANUTS

FÜR 12 PERSONEN
ZUBEREITUNG: 45 MINUTEN
SCHWIERIGKEIT: ✪✪✪

500 g Erdnüsse in der Schale
Salz
1 Spanferkelrücken
½ Wassermelone
4 EL Olivenöl
1 EL fein gehackte Rosmarinblätter
frisch gemahlener Pfeffer
1 Zitrone

MARINADE
100 ml Apfelsaft
100 ml Fleischfond
2 Spritzer Tabasco

EQUIPMENT
Drehspieß, Steaker/Tenderizer, Mariniersspritze

Schon gewusst? Dieses Gericht wird als Snack an Verkaufsständen am Straßenrand, in Geschäften und auf Festivals angeboten.

1. Die Erdnüsse 4 Stunden in kaltem Wasser einweichen; das Wasser abgießen. In einem Topf 5 l Wasser mit 3 EL Salz aufkochen. Die Erdnüsse darin 4 Stunden köcheln lassen, dann in ein Sieb abgießen, vorsichtig schälen und warm stellen.

2. Mithilfe eines Steakers viele kleine Löcher in die Haut des Spanferkelrückens stechen und diese dann mit 1 EL Salz einreiben. Sämtliche Zutaten für die Marinade verrühren und mithilfe der Mariniersspritze in das Fleisch spritzen. Den Rücken auf dem Drehspieß befestigen und etwa 30 Minuten bei 120 °C grillen, bis seine Kerntemperatur 55 °C beträgt. Dann den Backburner dazuschalten und das Fleisch weitere 5–10 Minuten grillen, bis die Haut aufgepoppt ist. Die Kerntemperatur sollte dann bei etwa 65 °C liegen.

3. Alternativ den Rücken indirekt 30 Minuten bei 120 °C grillen. Das Fleisch vom Grill nehmen, den Grill auf 250 °C erhitzen und den Rücken noch einmal 10 Minuten indirekt grillen, damit die Haut kross wird.

4. Inzwischen die Melone schälen und das Fruchtfleisch in 2 cm dicke Scheiben schneiden, die Kerne entfernen. Die Melone salzen mit dem Olivenöl vermengen, mit Rosmarin und Pfeffer würzen und von jeder Seite 5 Minuten grillen. Die Zitrone vierteln und mit auf den Grill legen.

5. Die Melone auf vier Tellern verteilen und warmen Zitronensaft sowie die Erdnüsse darübergeben. Den Rücken in Koteletts schneiden und darauf anrichten.

PULLED PORK – MIT CHIPS ODER GEROLLT

JEWEILS FÜR 4 PERSONEN ALS VORSPEISE
ZUBEREITUNG: 30 MINUTEN
SCHWIERIGKEIT: ✪✪✪

PULLED PORK MIT TORTILLACHIPS
400 g Pulled Pork
200 g Tortillachips
1 Gemüsezwiebel, in Ringe geschnitten und gebraten
10 Jalapeños aus dem Glas, in Ringe geschnitten
300 g Cheddar
BBQ-Sauce zum Servieren
Sauerrahm zum Servieren

PULLED-PORK-ROLLS
200 g Pulled Pork
4 Tortilla-Wraps
200 g Weißkrautsalat
BBQ-Sauce zum Servieren

1. Für Pulled Pork mit Tortillachips das Fleisch mit den Tortillachips in eine feuerfeste Schale oder Gusspfanne geben. Die gebratenen Zwiebeln und die Jalapeños darüber verteilen. Alles mit dem Käse bestreuen und auf dem geschlossenen Grill bei 200 °C überbacken. Mit BBQ-Sauce und Sauerrahm servieren.

2. Für Pulled-Pork-Rolls die Tortilla-Wraps nebeneinander auf die Arbeitsplatte legen. Am Rand auf jeden Wrap einen Streifen Krautsalat geben und mit einer Umdrehung leicht einrollen. Das warme Pulled Pork auf den Wraps verteilen und diese komplett aufrollen.

3. Die Rolls für 5 Minuten direkt auf den heißen Grill legen, dabei mehrmals wenden, damit sie Röstaromen annehmen und kross werden. Das Weißkraut soll im Kern kalt bleiben. Die Wraps halbieren, die Hälften aufrecht stellen. Zu den Pulled-Pork-Rolls BBQ-Sauce reichen.

Schon gewusst? Dieses Gericht ist im Stadion der Panthers sehr beliebt und hat auch die Hotdogs schon überholt. Kein Wunder Pulled Pork in allen Varianten ist das Nationalgericht Carolinas.

NEW ORLEANS SAINTS

NFC SOUTH

Mercedes-Benz Superdome, 73.208 Plätze

Maskottchen Die Saints haben zwei Maskottchen. Zum einen den Hund Gumbo, der nach einem typischen kreolischen Gericht in New Orleans benannt ist. Und zum anderen Sir Saint, der vor allem durch seine markante Kinnpartie auffällt.

Cheerleader New Orleans Saintsations

Teamfarben Gold, Schwarz, Weiß

Die Bezeichnung »The Big Easy« für New Orleans kommt nicht von Ungefähr. New Orleans gilt als Wiege des Jazz und als Stadt des immerwährenden Karnevals. New Orleans hat viele Namen und es wird allen gerecht. Genau das sind Fluch und Segen der vermutlich unamerikanischsten Stadt Amerikas.

Der Teamname »Saints« ist eine Reminiszenz an den Gospelsong »When the Saints go marching in« welcher zu New Orleans gehört wie Vodoo und Gumbo.

Dieser Song und weitere Auftritte von Musikern und Marching Bands machen ein Heimspiel im Superdome zu einem unvergesslichen Erlebnis; sie werden auch als »Mardi Gras in Autumn« bezeichnet.

Die Kuppel des 1975 eröffneten Stadions war bis zum Jahr 2001 die Größte weltweit. Als im August 2005 der Hurrikan Katrina New Orleans verwüstete, wurde der Superdome auch als Notunterkunft genutzt. Über eine Woche lebten um die 30.000 Menschen dort unter widrigen Bedingungen: Der Sturm hatte Teile des Dachs weggerissen, die Toiletten waren kaputt, und die Lebensmittelversorgung war katastrophal.

Deshalb mussten die Saints für eine komplette Saison ihre Heimspiele in einem anderen Stadion austragen. Nach der Renovierung, die 185 Millionen US-Dollar kostete, konnte das Team im Herbst 2006 wieder zurück ins Stadion.

CLASSIC NEW ORLEANS GUMBO

FÜR 8 PERSONEN
ZUBEREITUNG: 2 STUNDEN
SCHWIERIGKEIT: ✪✪✪

- 3 EL Sonnenblumenöl
- 300 g Hähnchenbrustfilet, in mundgerechte Stücke geschnitten
- 500 g Krakauer (geräuchert), in mundgerechte Stücke geschnitten
- 3 EL Mehl
- 150 g Staudensellerie, in kleine Stücke geschnitten
- 1 Gemüsezwiebel, gewürfelt
- 2 grüne Paprikaschoten, gewürfelt
- 700 ml Hühnerbrühe
- 1 Prise Cayennepfeffer
- 1 Knoblauchzehe, zerdrückt
- 1 TL frische Thymianblatter
- 1 Dose (400 g) gewürfelte Tomaten
- 2 Lorbeerblätter
- 1 TL Tabasco
- 500 g Krabben (Nordseegarnelen), geschält
- 300 g Okraschoten, in Ringe geschnitten
- 50 g glatte Petersilie, fein geschitten
- Salz
- frisch gemahlener Pfeffer

1. Einen großen, schweren Topf erhitzen, 1 EL Öl hineingeben und die Hähnchen- und Wurststücke darin anbraten, bis sie braun sind. Herausnehmen und beiseitestellen.

2. Das restliche Öl in den Topf geben, das Mehl hinzufügen und unter Rühren braun anschwitzen. Dann den Sellerie, die Zwiebel und die Paprika hinzufügen und 10 Minuten unter ständigem Rühren braten.

3. Nach und nach die Brühe angießen und rühren, bis sich alles gut vermischt hat. Jetzt das Fleisch, die Wurst und die restlichen Zutaten bis auf die Krabben, die Okraschoten und die Petersilie hinzufügen und sorgfältig unterrüh ren. Das Gericht zugedeckt 30 Minuten köcheln lassen. Dann den Deckel abnehmen und alles weitere 30 Minuten köcheln lassen, dabei gelegentlich umrühren. Die verbliebenen Zutaten dazugeben und 15 Minuten kochen lassen. Den Gumbo mit Salz und Pfeffer abschmecken und servieren. Dazu passt Reis oder Baguette.

Schon gewusst? Gumbo ist ein typisches Gericht der Louisiana-Küche, wo sich französische, indianische und afrikanische Einflüsse bemerkbar machen. »The Holy Trinity« (die heilige Dreifaltigkeit) der Cajun Küche – Sellerie, grüner Paprika und Zwiebel – sind Hauptbestandteile dieses Gerichts. Der französische Einfluss macht sich am stärksten in der Wurst bemerkbar. Im Originalrezept nimmt man Andouille.

PORK BELLY PO BOY

FÜR 8 PERSONEN
ZUBEREITUNG: 4 STUNDEN
SCHWIERIGKEIT: ✪✪✪

1,5 kg Schweinebauch
Salz
200 g Krabben (Nordseegarnelen), geschält
frisch gemahlener Pfeffer
120 g Mayonnaise
2 EL Ahornsirup
2 Baguettes
BBQ-Sauce (scharf)
2–3 Dill-Essiggurken, in 16 Scheiben geschnitten
1 kleiner Spitzkohl, in feine Streifen geschnitten
1 l Sonnenblumenöl zum Frittieren

EQUIPMENT
Grillplatte

Schon gewusst? Das ist ein typisches Sandwich aus New Orleans. Zur Namensfindung ist so viel bekannt, dass den streikenden Arbeitern im Jahr 1929, den »poor boys«, von einem Restaurant kostenlose Sandwichs gereicht wurden – *po boy*, wie sie im dortigen Slang heißen.

1. Den Schweinebauch in etwa 2 cm große Würfel schneiden. Wasser in einem Topf zum Kochen bringen, 1 EL Salz und die Fleischwürfel dazugeben und etwa 3 Stunden kochen.

2. Das Fleisch aus dem Wasser nehmen und abkühlen lassen. Das Öl zum Frittieren erhitzen und die Fleischwürfel darin 6–7 Minuten frittieren, bis sie braun und knusprig sind; aus dem Öl nehmen und auf Küchenpapier abtropfen lassen.

3. Die Krabben leicht salzen, den Grill auf 200 °C vorheizen und die Krabben 3 Minuten auf einer Grillplatte braten.

4. Die Fleischwürfel salzen und pfeffern.

5. Die Mayonnaise mit dem Ahornsirup verrühren. Jedes Baguette in vier Stücke schneiden und diese durchschneiden. Die Schnittflächen auf dem Grill leicht toasten. Die unteren Schnittflächen mit zwei Dritteln der Mayonnaise bestreichen. Die Fleischwürfel auf den Broten verteilen und auf jede Portion 2 EL BBQ-Sauce träufeln. Die Krabben und die Gurkenscheiben gleichmäßig darauf verteilen. Den Kohl darübergeben und die restliche Mayonnaise daraufgeben. Mit dem Baguettedeckel abschließen.

TAMPA BAY BUCCANEERS

NFC SOUTH

Raymond James Stadium, 65.890 Plätze

Maskottchen Captain Fear, ein karibischer Piraten-Kapitän im Comic Style

Cheerleader Buccaneers Cheerleaders

Teamfarben Rot, Schwarz, Orange, Weiß

Das Stadion wurde nach einem Finanzunternehmen benannt. Aufgrund seiner modernen Architektur und Ausstattung wird es als eines der »Kronjuwelen« der amerikanischen Footballstadien bezeichnet und gilt als eins der schönsten Stadien der Liga mit einem außergewöhnlichen Extra: Hinter einer Endzone steht ein Piratenschiff von dem bei jedem Touchdown Kanonensalven abgeschossen werden.

Das Team zählt allerdings nicht zu den erfolgreichsten der Liga, obwohl es 2003 den Superbowl gewonnen hat. Seit der Gründung der Tampa Bay Buccaneers im Jahr 1976 bis hin zu den 1980er- und 1990er-Jahren war die Erfolglosigkeit schon sprichwörtlich. Das Logo und die Teamfarben zogen regelmäßig Spott auf sich, und ein paar Witze über die Bucs kannte jeder in den Staaten. Ende der 1990er-Jahre wurde das Team durch den Wechsel des Besitzers, gute Spielereinkäufe und neue Trainer endlich wettbewerbsfähig. Sogar die Vereinsfarben und das Logo wurden geändert.

Die Bucs wählten die Trikots für ihre Heimspiele wohlüberlegt aus: Sie spielen in Weiß, was eigentlich für die Auswärtsteams üblich war. So wurde es den Gästen mit ihren oft dunklen Trikots ordentlich warm unter der Sonne Floridas.

SEPIA MIT LARDO

FÜR 4 PERSONEN
ZUBEREITUNG: 30 MINUTEN
SCHWIERIGKEIT: ✪✪✪

2 Sepiatuben
100 g Lardo (weißer, fetter Speck aus Italien)
Saft von 1 Limette
4 EL Mayonnaise
Sriracha
Salz
Koriandergrün zum Garnieren

EQUIPMENT
Grillplatte

1. Die Sepiatuben aufschneiden und in etwa 1 cm breite Streifen schneiden.

2. Den Lardo ebenfalls in 1 cm breite Streifen schneiden.

3. Eine Grillplatte vorheizen und alles direkt bei mittlerer Temperatur darauf grillen, bis der Lardo fast geschmolzen ist. Beides in eine Schüssel geben und den Limettensaft unterrühren. Darüber die Mayonnaise sowie Sriracha und Salz nach Geschmack geben. Das Gericht mit fein geschnittenen Korianderblättern bestreuen.

RAYMOND JAMES BURGER

FÜR 4 PERSONEN
ZUBEREITUNG: 30 MINUTEN
SCHWIERIGKEIT: ✪✪✪

400 g Rinderhack
Salz
frisch gemahlener Pfeffer
8 Scheiben Toast
12 Scheibletten Cheddar
2 EL Schwarze-Bohnen-Sauce
8 Scheiben Bacon
4 EL Aioli
1 TL Sriracha
½ Eisbergsalat, fein geschnitten
1 Tomate, in Streifen geschnitten oder gewürfelt
1 Essiggurke, in 8 Scheiben geschnitten

EQUIPMENT
Grillplatte

1. Das Rinderhack mit Salz und Pfeffer würzen und zwei möglichst quadratische Pattys daraus formen, die ein wenig größer als ein Toast sind.

2. Den Grill mit Grillplatte auf 200 °C vorheizen und die Toasts von einer Seite leicht toasten. Auf die gerösteten Seiten von vier Toasts jeweils drei Scheiben Käse legen und auf den anderen getoasteten Seiten die Schwarze-Bohnen-Sauce verstreichen. Diese Toastscheiben mit der Sauce nach unten auf den Käse drücken.

3. Den Patty und den Bacon auf der Gussplatte nach Wunsch grillen. Die Käsetoasts unter mehrfachem Wenden und andrücken so lange grillen, bis der Käse darin geschmolzen ist.

4. Diese vier gegrillten Käse-Sandwichs dienen als Burgerbrötchen. Die Aioli mit dem Sriracha verrühren und die Sandwichs damit bestreichen. Jeweils einen Patty auf zwei der Sandwichs setzen und nach Belieben mit den restlichen Zutaten belegen.

5. Mit dem zweiten Käse-Sandwich bedecken und die »Burger« schräg halbieren.

ARIZONA CARDINALS

NFC WEST

University of Phoenix Stadium, 63.400 Plätze

Maskottchen Big Red, ein Kardinalsvogel im Comic-Style, ist in Arizona zu Hause und eines der bekanntesten Maskottchen der NFL

Cheerleader Arizona Cardinals Cheerleaders

Teamfarben Kardinalrot, Weiß, Schwarz

Die Cardinals sind das älteste Team der USA, welches ununterbrochen professionell Football spielt. Im Jahr 1898 wurde das Team in Chicago unter dem Namen Morgan Athletic Club gegründet. 1901 änderte es seinen Namen in Cardinals. Die Spieler bekamen damals neue Trikots gesponsert, allerdings nicht in ihrer damaligen Teamfarbe Braun, sondern in Kardinalrot.

Bis 1959 spielten die Cardinals eher mäßig erfolgreich in Chicago, dann bekam der Verein für 27 Jahre in St. Louis eine neue Heimat. Nach dieser Zeit ging es für fünf Jahre nach Phoenix, bevor das Team 1994 an seiner jetzigen Wirkungsstätte angekommen ist.

Melonen aller Art sind in Arizona allein wegen des heißen Klimas sehr beliebt, überall erhältlich und häufig Bestandteil einer Mahlzeit, was auch der Grund dafür ist, dass die Gerichte eher leicht sind. Die Mahlzeiten in Arizona sind sehr geschmackvoll, die verschiedenen Gewürze, die verwendet werden, verleihen den Gerichten einen Hauch von Exotik. Interessant ist, dass ein Großteil der typischen »Southwest«-Speisen lauwarm serviert wird.

Auch die Lage Arizonas – es grenzt im Norden an Mexiko – schlägt sich in den Zubereitungsarten nieder. So sind nicht nur viele Gerichte schärfer gewürzt, sondern das sogenannte Tex-Mex-Essen, das an die mexikanische Küche angelehnt ist, ist in diesem Bundesstaat weit verbreitet.

GEGRILLTE CANTALOUPE-
MELONE
MIT ZITRONENSCHAUM

FÜR 4 PERSONEN ALS DESSERT
ZUBEREITUNG: 30 MINUTEN
SCHWIERIGKEIT: ✪✪✪

1 Cantaloupe-Melone
200 g Crème fraîche
200 g Zucker
100 ml Zitronensaft
1 Bund Minze
3 Päckchen Ahoi-Brause (Zitronenaroma)

1. Den Grill auf 150 °C vorheizen. Die Frucht in sechs Spalten schneiden. Die Kerne entfernen, die Schale bleibt zunächst dran. Die Stücke mit dem Fruchtfleisch nach unten auf den Grillrost legen und nach 4 Minuten wenden. Die andere Seite 5 Minuten grillen, bis sich ein schönes Grillmuster abzeichnet.

2. Die Crème fraîche in eine Schüssel geben, 2 EL Zucker und den Zitronensaft hinzufügen und alles gut verrühren.

3. Die Minzeblätter abzupfen und mit dem restlichen Zucker im Mörser zerstoßen. Das Brausepulver unter die Crème fraîche rühren. Nach etwa 10 Minuten beginnt es zu schäumen.

4. Das Melonen-Fruchtfleisch mit einem schmalen Messer von der Schale trennen und quer in etwa 1,5 cm dicke Scheiben schneiden. Die Fruchtstücke auf einem Dessertteller anrichten.

5. Die schaumige Zitronencreme und den Minzezucker darübergeben.

PIZZA BOX NACHOS

FÜR 4 PERSONEN
ZUBEREITUNG: 30 MINUTEN
SCHWIERIGKEIT: ★☆☆

GUACAMOLE
1 Avocado
1 Spritzer Zitronensaft
½ Knoblauchzehe
Salz
frisch gemahlener Pfeffer

1 Hähnchenbrustfilet
1 Schweinenackensteak
1 Tüte Nachos
50 g eingelegte Jalapeños
50 g schwarze Oliven ohne Kern, in Scheiben geschnitten
100 Pico de gallo (siehe Rezept Seite 76)
2 EL Mayonnaise
1 TL Sriracha
2 EL Crème fraîche

EQUIPMENT
1 Pizzakarton

1. Für die Guacamole die Avocado halbieren, das Fruchtfleisch aus der Schale löffeln und mit einem Spritzer Zitronensaft und dem Knoblauch pürieren oder mithilfe einer Gabel zerdrücken. Die Guacamole mit Salz und Pfeffer abschmecken.

2. Die Hähnchenbrust längs halbieren. Das Nackensteak und das Hähnchenfleisch salzen und pfeffern. Beides bei etwa 180 °C direkt unter mehrfachem Wenden 10 Minuten grillen.

3. Einen Pizzakarton nach Belieben mit Butterbrotpapier auslegen – es kann gerne an den Rändern ein wenig überstehen. Die Nachos in den Pizzakarton füllen. Das Fleisch in kleine Würfel schneiden und darübergeben. Die Jalapeños, die Oliven und Pico de gallo darüber verteilen. Die Mayonnaise mit dem Sriracha verrühren und in kleinen Klecksen darüber verteilen. Die Guacamole und die Crème fraîche in zwei großen Klecksen daraufgeben.

SAN FRANCISCO 49ERS

NFC WEST

Levi's Stadium, 68.500 Plätze

Maskottchen Sourdough Sam, ein Glücksritter aus der Zeit des kalifornischen Goldrauschs im Comic-Style

Cheerleader San Francisco Gold Rush

Teamfarben Rot, Gold, Weiß

Das Stadion befindet sich 70 km südlich von San Francisco in Santa Clara im Silicon Valley.

Mitte der 1980er-Jahre wurde in San Francisco ein sehr erfolgreiches Offense-System, die sogenannte West Coast Offense, entwickelt, das bis in die heutige Zeit oft kopiert und perfektioniert wurde, beispielsweise von den Denver Broncos.

Als Vater der West Coast Offense gilt Bill Walsh, der damalige Trainer der San Francisco 49ers. Er entwarf eine Strategie, die auf der Unberechenbarkeit von schnellen, kurzen Pässen beruht. Grund dafür war eigentlich, dass sein Team kein gutes Laufspiel hatte, was dazu führte, dass er sein verstärktes Augenmerk auf den Angriff durch die Luft legte. Essenziell für diese Strategie ist ein schnelles, präzises Passspiel, für das ein hohes Maß an Timing zwischen Quarterback und Passempfänger unabdingbar ist.

Diese perfekte Abstimmung zweier Spieler hatte Walsh in dem legendären Duo des Quarterback Joe Montana und des Wide Receiver Jerry Rice. Immerhin gewannen die 49ers in dieser Zeit drei Superbowls.

Die Küche der San Francisco Bay Area gilt als eine der besten der USA. Verschiedene Länderküchen hinterließen hier ihre Spuren. Aus Asien sind das vor allem japanische und chinesische Einflüsse, aber auch vietnamesische, thailändische und koreanische Nuancen sind erkennbar.

Insbesondere Fisch und Meeresfrüchte sind durch die Nähe zum Pazifik auf den Speisekarten zu finden. Über die Grenzen der Stadt hinaus ist der Fisherman's Wharf bekannt, wo zahlreiche Krabbenküchen die bekannte Krabbensuppe mit sourdough bread anbieten. Das Sauerteigbrot wurde während der Goldgräberzeit aus Europa eingeführt und ist mittlerweile eine Spezialität der Stadt. Von ihm haben die Goldgräber auch den Spitznamen «sourdough« – und das Maskottchen der San Francisco 49ers seinen Namen.

GARNELEN IN WEISSWEIN

FÜR 4 PERSONEN
ZUBEREITUNG: 30 MINUTEN
SCHWIERIGKEIT: ✪✪✪

12 Black Tiger Garnelen
1 Zitrone
100 g Butter
400 ml Weißwein
Salz
frisch gemahlener Pfeffer

EQUIPMENT
Plancha und Mörser

Tipp Falls der Mörser nicht groß genug ist, kann man auch nur die Köpfe braten, in den Mörser geben und ausdrücken.

1. Kopf und Schwanzpanzer von den Garnelen entfernen, aber nicht wegwerfen. Den Darm aus den Garnelen herausziehen. Den Grill auf 200 °C vorheizen.

2. Die Zitrone halbieren und 10 Minuten direkt auf der Schnittfläche grillen.

3. In der Zwischenzeit die Köpfe und Schwanzpanzer auf der Plancha oder in einer Pfanne von beiden Seiten etwa 4 Minuten braten. In einen Mörser oder eine feste Schüssel geben und den warmen Zitronensaft darüber ausdrücken. Die Butter und den Wein hinzufügen und schmelzen lassen.

4. Währenddessen die Garnelen von beiden Seiten bei direkter Hitze etwa 2 Minuten grillen. Die Garnelen in eine Schale geben.

5. Die Köpfe und Panzer im Mörser mit einem Stößel ausdrücken, dann die Flüssigkeit durch ein Sieb abseihen. Die Flüssigkeit mit Salz und Pfeffer abschmecken, in einem Topf noch einmal kurz aufkochen lassen und über die Garnelen in der Schale gießen. Zu den Garnelen etwas Weißbrot servieren, damit man die schmackhafte Sauce damit aufsaugen kann.

STARTER NACHOS

FÜR 1 PERSON
ZUBEREITUNG: 30 MINUTEN
SCHWIERIGKEIT: ✪✪✪

6 kleine Tortilla-Wraps
1 Handvoll geriebener Cheddar
2 EL Schwarze-Bohnen-Paste
2 EL Guacamole (siehe unten)
2 EL Mais-Salsa (siehe unten)
2 Eier
Salz und frisch gemahlener Pfeffer
1 Prise Cumin
2 EL Kräuterfrischkäse
1 EL Mayonnaise
Koriandergrün zum Garnieren

GUACAMOLE
1 Avocado
1 Spritzer Zitronensaft
½ Knoblauchzehe, zerdrückt
Salz und frisch gemahlener Pfeffer

MAIS-SALSA
2 Maiskolben
50 g Butter
Salz und frisch gemahlener Pfeffer
edelsüßes Paprikapulver
1 EL Olivenöl
1 rote Zwiebel, fein gewürfelt
1 Knoblauchzehe, zerdrückt
½ Chilischote, Samen entfernt, fein gewürfelt
1 EL fein geschnittenes Koriandergrün
Saft von 1 Limette

1. Das Avocadofruchtfleisch mit einer Gabel zerdrücken. Den Zitronensaft und Knoblauch unterarbeiten und mit Salz und Pfeffer abschmecken; beiseitestellen.

2. Für die Mais-Salsa den Grill auf 150 °C erhitzen, die Maiskolben mit der Butter bestreichen und mit je einer Prise Salz, Pfeffer und Paprikapulver würzen. Den Mais erst indirekt etwa 10 Minuten grillen und dann weitere 5 Minuten direkt unter mehrfachem Wenden, sodass er braune Stellen bekommt.

3. Die Maiskörner vom Kolben schneiden und mit dem Öl, den Zwiebelwürfeln, dem Knoblauch, der Chilischote, dem Koriandergrün und dem Limettensaft vermischen; salzen und warm stellen.

4. Die Tortilla-Wraps auf dem Grill leicht erwärmen. Einen Wrap mit dem Käse bestreuen, einen zweiten Wrap darauflegen und beide zusammen unter mehrfachem Wenden so lange grillen, bis der Käse geschmolzen ist.

5. Die Wraps vom Grill nehmen, die Bohnenpaste darauf verstreichen und einen weiteren Warp darauflegen. Darauf die Guacamole verstreichen und erneut einen Wrap auflegen. Auf diesem die Mais-Salsa verteilen, mit einem Wrap bedecken. Aus den Eiern Spiegeleier braten, auf dem Wrap platzieren und mit Salz, Pfeffer und Cumin würzen. Die Mayonnaise daraufgeben und mit Korianderblättern garnieren. Den letzten Wrap mit Kräuterfrischkäse bestreichen und den ganzen Stapel darauf setzen.

SEATTLE SEAHAWKS

NFC WEST

CenturyLink Field, 67.000 Plätze

Maskottchen Blitz und Boom, Falken im Comic-Style; Taima, ein lebender Adlerbussard

Cheerleader Seattle Sea Gals

Teamfarben Marineblau, Actiongrün, Grau

Das Dach des Century Link Field weist eine skurrile Besonderheit auf: Es ist so konstruiert, dass bei Regen und Wind nur eine Seite des Stadions nass wird, und zwar die, auf der sich die Sideline der Gastmannschaft befindet – und in Seattle regnet es oft. Das bedeutet, dass die Ersatzspieler, Betreuer und auch Trainer nass werden, während das Sideline-Team der Seahawks trocken bleibt.

Die Seahawks im Bundesstaat Washington sind das einzige NFL-Team im Nordwesten der USA und verfügen dadurch über ein großes Fan-Einzugsgebiet. Es reicht im Norden über Teile Kanadas bis nach Alaska und südlich umfasst es auch Teile von Oregon, Montana und Idaho. Die Fans der Seahawks gelten als lärmend und fanatisch, sodass der im Stadion gemessene Lärm die Lautstärke eines startenden Jets übersteigt. Die Heimspiele der Seahawks gelten als die Lautesten der NFL. Sie haben es sogar ins Guinness-Buch der Rekorde geschafft, nachdem sie im Jahr 2013 eine Lautstärke von 136,6 Dezibel erreicht hatten.

Dieser Rekord wurde aber mittlerweile von den Anhängern der Kansas City Chiefs übertroffen. Da dieser Krach natürlich die Kommunikation des gegnerischen Teams im Angriff stört, gibt es oft False-Start-Strafen. Denn: Wenn das heimische Team am Ball ist, sind die Fans still.

Seattle wurde schon mehrfach zur »lebenswertesten Stadt« der USA gewählt. Kaffee gehört genauso zu Seattle wie die Seahawks, denn in keiner anderen Stadt der USA wird das Getränk so gehypt. Kaffee dient nicht nur als morgendlicher Wachmacher: Er wird nicht nur zu Hause, sondern auch in den vielen kleinen Cafés in der Stadt in großen Mengen getrunken, und zwar den ganzen Tag über. Das ist wohl auch der Grund, warum Starbucks seinen Hauptsitz in Seattle angesiedelt hat.

LACHS
AUF ZEDERNHOLZ

FÜR 8 PERSONEN
ZUBEREITUNG: 30 MINUTEN
SCHWIERIGKEIT: ✪✪✪

1 Lachsseite (etwa 1 kg)
2 TL BBQ-Fischgewürz (Fertigprodukt)
100 ml Teriyaki-Sauce (dickflüssig)
1 TL Wasabipaste
1 unbehandelte Zitrone
Meersalz

EQUIPMENT
Zedernholz-Planke

1. Den Lachs mit der Haut nach unten auf das Brett legen, in acht Portionen schneiden und mit Fischgewürz bestreuen. Die Teriyaki-Sauce mit der Wasabipaste verrühren und auf die Oberseite der Lachsseite streichen. Die Zitronenschale abreiben und zusammen mit ein wenig Meersalz darüber verteilen.

2. Den Grill auf 300 °C vorheizen

3. Die Zitrone halbieren, mit den Schnittflächen auf den Rost legen und direkt grillen. Dadurch erwärmt sich der Zitronensaft, nimmt Röstaromen an und verliert etwas von seiner Säure.

4. Den Fisch mitsamt Brett auf den Grill legen und direkt bei hoher Temperatur erhitzen. Sobald das Brett anfängt zu rauchen, die Temperatur drosseln und den Deckel schließen. Den Fisch etwa 20 Minuten direkt bei etwa 150 °C garen. Er sollte im Kern glasig bleiben.

(FOTO SIEHE SEITE 174)

DUNGENESS CRAB ROLL

FÜR 4 PERSONEN
ZUBEREITUNG: 30 MINUTEN
SCHWIERIGKEIT: ✪✪✪

100 g Mayonnaise
4 Stangen Sellerie, fein geschnitten, ein paar junge, hellgrüne Blätter aufbewahrt
1 rote Zwiebel, fein gewürfelt
Saft von 1 Limette
Salz
frisch gemahlener weißer Pfeffer
800 g vorgegartes Krebsfleisch
1 Baguette

1. Die Mayonnaise, den Sellerie, die Zwiebel, den Limettensaft sowie je eine Prise Salz und Pfeffer gut vermischen. Das Krebsfleisch untermengen.

2. Das Baguette quer durchschneiden und die Mischung auf der unteren Schnittfläche verteilen. Zuerst ein paar Sellerieblätter zur Dekoration und dann den Baguettedeckel auflegen und das Baguette in vier Teile schneiden und servieren.

Schon gewusst? Die Dungeness Crab ist eine Krabbenart, die an an der Westküste aufgrund ihres süßen und zarten Fleischs beliebt ist. Die original Crab Roll wird damit zubereitet, aber alternativ kann man auch normales Krebsfleisch nehmen.

LOS ANGELES RAMS

NFC WEST

Los Angeles Memorial Coliseum, 93.607 Plätze

Maskottchen Ein großer Plüsch-Widder mit dem Namen Rampage

Cheerleader Los Angeles Rams Cheerleaders

Teamfarben Millenniumblau, Gold, Weiß

1948 kam der damalige Starspieler Fred Gehrke auf die Idee, die Helme seiner Teamkollegen mit gebogenen Widderhörnern anzumalen – und die Helme sehen bis heute so aus. Damit waren die Los Angeles Rams das erste Team der Liga, das seine Helme mit Teamfarben und Motiven gestaltete.

Die 1936 in Cleveland gegründeten Rams reisten in ihrer Teamgeschichte durch die USA: Von Cleveland zogen sie nach Los Angeles, dann nach Anaheim, 1995 nach St. Louis und im Jahr 2016 schließlich zurück nach Los Angeles.

Der Umzug von St Louis nach Los Angeles zahlte sich für den Eigentümer Stan Kroenke aus. Die Forbes-Liste bewertete das Team in St. Louis mit 1,45 Milliarden US-Dollar, nach dem Umzug stieg der Wert auf 2,9 Milliarden US-Dollar, wodurch sie nach Dallas und New England zum drittwertvollsten Team der Liga aufstiegen.

Den größten Erfolg feierten die Los Angeles Rams 1999 in St. Louis. Damals waren sie das Sensationsteam der Liga. Vorher unbedeutend und erfolglos warf der Quarterback Kurt Warner in der Saison 41 TD Pässe, die Offense produzierte 526 Punkte, und zum Ende der Saison gewann das Team den Superbowl mit 23:16 gegen die Titans.

Kurt Warner spielte ein Jahr zuvor noch in der NFL Europe für die Amsterdam Admirals und wurde ein Jahr später zum MVP, Most Valuable Player, der Saison und des Superbowls gewählt.

Es ist geplant, dass die Mannschaft im Jahr 2020 das Inglewood Stadion bezieht, das über 100.000 Plätze verfügt. Das Stadion wird die neue Heimstätte der Los Angeles Rams und der Los Angeles Chargers. Die Kosten für den Neubau werden auf 2,6 Milliarden US-Dollar geschätzt. Damit wäre dies das teuerste Stadion der Welt.

LACHS-CEVICHE

FÜR 4 PERSONEN ALS BEILAGE
ZUBEREITUNG: 30 MINUTEN, PLUS 2 STUNDEN ZUM KÜHLEN
SCHWIERIGKEIT: ✪✪✪

200 g Lachsabschnitte (beispielsweise vom Lachs auf Zedernholz; siehe Seite 153)
1 EL Limettensaft
abgeriebene Schale von ½ unbehandelten Limette
½ Chilischote, fein geschnitten
1 EL fein geschnittenes Koriandergrün
1 Schalotte, fein gehackt
Salz

1. Für die Ceviche die Lachsabschnitte zuerst von der Haut und dann in etwa 5 mm große Würfel schneiden. Die Fischwürfel mit den restlichen Zutaten für die Ceviche außer dem Salz verrühren und für 2 Stunden in den Kühlschrank stellen.

2. Die Ceviche aus dem Kühlschrank nehmen, mit Salz abschmecken und kalt servieren.

Schon gewusst? Ceviche stammt ursprünglich aus Peru. Die Marinade aus Limettensaft und Gewürzen für den rohen Fisch nennt sich auch »leche de tigre« (Tigermilch).

RUMMELS FOOTBALL BURGER

FÜR 4 PERSONEN
ZUBEREITUNG: 30 MINUTEN
SCHWIERIGKEIT: ✪✪✪

1 Gemüsezwiebel, in Ringe geschnitten
Salz
4 Stangen Sellerie, harte Fasern abgezogen, die Stangen längs in feine Streifen geschnitten
Zucker
4 Chorizos zum Braten
4 Pattys
4 Brötchen (beispielsweise in Footballform von der Firma Eat the Ball)
4 TL Mayonnaise
1 TL Sriracha
4 EL Dollie Sauce (ersatzweise Remoulade)

EQUIPMENT
Gussplatte

1. Die Zwiebel für 10 Minuten in eine Schale mit leicht gesalzenem Wasser legen, so verliert sie etwas von ihrer Schärfe. Den Sellerie leicht salzen und zuckern, er wird dadurch weicher.

2. Zwiebel und Sellerie aus dem Wasser nehmen und abtropfen lassen. Den Grill auf 180 °C vorheizen. Die Chorizos längs halbieren und unter mehrfachem Wenden 5 Minuten direkt auf einer Gussplatte grillen.

3. Die Pattys ebenfalls auf der Platte bis zum gewünschten Garpunkt grillen. Die Brötchen aufschneiden und mit der Schnittfläche auf der Platte im ausgetretenen Fett bei geschlossenem Deckel angrillen, sodass sie das schmackhafte Fett aufnehmen. Würste und Pattys von der Platte nehmen und warm stellen. Die Mayonnaise und Sriracha verrühren und die Schnittflächen der unteren Brötchenhälften damit bestreichen. Die Selleriestreifen und die Pattys daraufgeben. Auf die Pattys die Zwiebelringe legen und darauf die halbierten Chorizos platzieren. Jeden Burger mit 1 EL Dollie Sauce abschließen und den oberen Brötchendeckel auflegen.

NEWYORKER
39
G
Wilson
3

NEWYORKER
30 Years LIONS

SEAT SEAT SEAT

Wilson

DREIERLEI MINIBURGER

CHICKEN-BURGER

ERGIBT 4 MINIBURGER
ZUBEREITUNG: 1 STUNDE
SCHWIERIGKEIT: ✪✪✪

2 Hähnchenkeulen, ausgelöst
Salz
frisch gemahlener Pfeffer
edelsüßes Paprikapulver
½ TL Senf
2 Karotten
Zucker
100 g Zuckerschoten
1 Stängel Minze
2 TL Butter
½ Knoblauchzehe, zerdrückt
Zitronenpfeffer
Sesamsalz
4 Mini-Burgerbrötchen
1 EL Dollie Sauce (ersatzweise Remoulade)
Balsamicoessig

EQUIPMENT
Gussplatte

1. Das Hähnchenkeulenfleisch durch den Fleischwolf drehen oder mit einem Messer sehr fein schneiden. Das Fleisch mit etwas Salz, Pfeffer und Paprikapulver würzen und mit dem Senf vermengen. Aus der Masse vier Pattys formen und diese für 30 Minuten in den Gefrierschrank stellen. So werden die Pattys fester und lassen sich besser grillen.

2. Die Karotten schälen, mit einem Sparschäler in dünne Streifen schneiden, leicht salzen und zuckern und 10 Minuten ziehen lassen. Die Zuckerschoten längs in feine Streifen schneiden und leicht salzen. Die Minzeblätter ebenfalls in feine Streifen schneiden.

3. 1 TL Butter und den Knoblauch in einer Pfanne auf dem Seitenbrenner schmelzen lassen, nach 1 Minute die Zuckerschoten dazugeben und 3 Minuten braten. Das Gemüse mit Zitronenpfeffer, Sesamsalz und Minze abschmecken und dann in eine Schale geben und warm stellen.

4. Die Karotten und die restliche Butter in dieselbe Pfanne geben und etwas schwenken, bis die Butter geschmolzen ist und die Streifen leicht warm sind.

5. Den Patty auf der Gussplatte mindestens 10 Minuten unter mehrfachem Wenden grillen. Die Dollie Sauce auf den unteren Brötchenhälften verteilen. Jeweils 1 EL Erbsenstreifen dazugeben und je einen Patty daraufsetzen. Darauf die Karrottenstreifen geben, ein paar Tropfen Balsamicoessig darüberträufeln und mit dem oberen Brötchendeckel abschließen.

TOMEATO BURGER

FÜR 4 PERSONEN
ZUBEREITUNG: 20 MINUTEN, PLUS 4 STUNDEN TROCKNEN
SCHWIERIGKEIT: ✪✪✪

4 Tomaten von ähnlichem Durchmesser wie die Burgerbrötchen
Salz
4 Champignons von ähnlichem Durchmesser wie die Burgerbrötchen
2 rote Zwiebeln
1 EL Olivenöl
1 EL Sojasauce
4 Mini-Burgerbrötchen
1 Spritzer Sriracha
1 EL Mayonnaise
1 Avocado
frisch gemahlener Pfeffer
Saft von 1 Zitrone
100 g Parmesan, in Späne gehobelt

(DAS REZEPT FÜR DEN DRITTEN BURGER IM TRIO, DEN PORKY EGG BURGER, STEHT AUF SEITE 67.)

1. Von den Tomaten an der Ober- und Unterseite jeweils einen 1 cm dicken Deckel abschneiden. Die Tomaten leicht salzen. Einen Backrost auf ein Backblech legen. Die Tomaten nebeneinander darauflegen und in den Backofen schieben. Die Backofentür einen Spalt breit öffnen, den Ofen auf 60 °C Umluft schalten und die Tomaten trocknen, bis sie noch maximal 2 cm hoch sind. Alternativ kann man die Tomaten im Dörrgerät trocknen.

2. Die Stiele aus den Champignons brechen und von den Hüten so viel wegschneiden, dass eine etwa 1 cm dicke Champignonscheibe verbleibt. Den Grill auf 150 °C vorheizen. Die Zwiebeln in dünne Ringe schneiden und in leicht gesalzenes Wasser legen.

3. Die getrockneten Tomaten und die Champignonscheiben mit Olivenöl bestreichen und von beiden Seiten direkt grillen. Die Champignons mit Sojasauce würzen. Die Brötchenhälften auf dem Grill leicht rösten.

4. Sriracha und Mayonnaise verrühren und die unteren Brötchenhälften damit bestreichen. Die Avocado schälen. Das Fruchtfleisch in Scheiben schneiden, leicht salzen, pfeffern und mit dem Zitronensaft beträufeln. Die Zwiebeln aus dem Wasser nehmen und leicht pfeffern.

5. Die bestrichenen Brötchenhälften mit Avocado, Tomate und Zwiebelringen belegen. Mit dem Parmesan bestreuen, je eine Champignonscheibe auflegen und mit den Brötchendeckeln abschließen.

1873 PILS
1873 PILS

Wilson
AFVD
Wilson
G
LIONS
LIONS
HEERLEADER
NS!

BRUNSWI
BURGER

90
KFC

87

BRUNSWICK
BURGERS
NEWYORKER

3

TAILGATING-TIPPS

Damit die Tailgating-Party ohne Stress und unliebsame Überraschungen abläuft, anbei ein paar Tipps aus Amerika, dem Mutterland des Tailgating.

Sprechen Sie sich mit ihren Freunden ab, wenn sie nebeneinander parken und auch feiern wollen, sodass sie alle halbwegs gleichzeitig und rechtzeitig – das heißt mindestens 2 Stunden vor dem Spiel – auf dem Parkplatz sind. Das Freihalten von Parkplätzen ist in den meisten Fällen nicht möglich. Sollte es dennoch vorkommen, dass sie frühzeitig dran sind und noch Freunde erwarten, machen Sie auf sich aufmerksam und sprechen Sie Kennzeichen wie ein besonderes Zelt oder einen farbigen Helium-Luftballon, der über Ihrem Standplatz schwebt, ab.

Planen Sie Ihr Menü dem Wetter entsprechend. Manchmal freut man sich mehr auf eine heiße Suppe als auf ein kaltes Bier.

An kalten Tagen kann man seine Kühlbox innen mit Alufolie auskleiden und mit ein paar in Alufolie gewickelten und vorher im Backofen aufgewärmten Steinen bestücken. So hat man eine Warmhaltebox, in der die Suppe, das Chili oder das Gulasch auf dem Weg zum Stadion warm bleiben.

FINGERFOOD IST IDEAL

Bereiten Sie so weit wie möglich schon alles zu Hause vor. Dazu gehören:

- Fleisch marinieren
- Burger-Toppings schneiden und verpacken
- Burger-Pattys in Frischhaltefolie einwickeln etc.
- Gemüsesticks schneiden

Beschriften Sie Ihre Kühlboxen, dann müssen Ihre Freunde nicht fünf verschiedene Boxen durchsuchen, bis sie endlich den Senf gefunden haben.

Frieren Sie Wasser in Kunststoffflaschen ein. Diese dienen so anfangs als Kühlakku, und später kann man das Wasser trinken oder sich die Hände damit waschen.

Wenn Sie einen Holzkohlegrill nutzen, müssen Sie daran denken, einen feuerfesten Eimer für die Asche/Glut mitzunehmen.

Nutzen Sie überwiegend Einweggeschirr. Das Angebot ist mittlerweile groß, beispielsweise gibt es auch ansehnliche Teller aus Zuckerrohr. Für die restlichen anfallenden Utensilien sollte man eine Box für dreckiges Geschirr nicht vergessen.

Eine Notfallbox mit Pflastern, Sonnencreme etc. gehört immer ins Auto. Für alle Fälle sollten auch ein Starthilfekabel und eine Werkzeugkiste dabei sein.

DIE MUSIK NICHT VERGESSEN.

In Stadien, die in der Regel ausverkauft sind, geht das Tailgating so weit, dass die Menschen auch noch während des Spiels auf dem Parkplatz bleiben und sich das Geschehen im Stadion dort auf eigenen TV-Geräten anschauen.

Da das Tailgating aus genannten Gründen schon mal länger dauern kann, sollte man an Klappstühle denken.

50
NEWYORKER

SELLERIEPÜREE

FÜR 4 PERSONEN ALS BEILAGE
ZUBEREITUNG: 2 STUNDEN 15 MINUTEN
SCHWIERIGKEIT: ✪✪✪

1 mittelgroße Sellerieknolle
100 g Butter
Salz

1. Den Sellerie in Alufolie wickeln und etwa 2 Stunden bei 180 °C–200 °C indirekt grillen, bis er weich ist. Das kann man leicht mit einem Holzspieß testen.

2. Den Sellerie aus der Folie nehmen und schälen. Vorsicht, er ist sehr heiß.

3. Den Sellerie in Würfel schneiden und zum Pürieren in ein geeignetes Gefäß geben. Die Gemüsewürfel mit der Butter pürieren und das Püree mit Salz abschmecken.

GEGRILLTER LAUCH

FÜR 4 PERSONEN ALS BEILAGE
ZUBEREITUNG: 45 MINUTEN
SCHWIERIGKEIT: ✪✪✪

4 Stangen Lauch
3 EL Olivenöl
Salz

1. Den Grill auf 150 °C vorheizen. Die Lauchstangen etwa 30 Minuten im geschlossenen Grill direkt garen, bis sie weich sind. Keine Angst, wenn der Lauch schwarz wird.

2. Die äußeren Schichten der Stangen ablösen und wegwerfen. Die Stangen in Stücke schneiden, leicht salzen und mit Olivenöl beträufeln.

ZUCKERMAIS

FÜR 4 PERSONEN ALS BEILAGE
ZUBEREITUNG: 45 MINUTEN
SCHWIERIGKEIT: ✪✪✪

4 Maiskolben
100 g Butter
BBQ-Gewürz

Die Maiskolben mit der Butter bestreichen und mit BBQ-Gewürz bestreuen. Den Mais bei 150 °C etwa 30 Minuten indirekt grillen. Die Maiskolben vom Grill nehmen, die Körner von den Kolben schneiden und servieren.

ZUCKERSCHOTEN

FÜR 4 PERSONEN ALS BEILAGE
ZUBEREITUNG: 30 MINUTEN
SCHWIERIGKEIT: ✪✪✪

200 g Zuckerschoten
Salz
1 EL Olivenöl
½ unbehandelte Zitrone
1 Prise frisch gemahlener Pfeffer
1 TL frisch geriebener Parmesan

1. Die Zuckerschoten leicht salzen und 10 Minuten ziehen lassen. Dann die Schoten mit dem Olivenöl vermischen und direkt bei 150 °C etwa 10 Minuten unter mehrfachem Wenden grillen. Die Schale von der Zitrone abreiben. Dann die halbe Zitrone auf der Schnittfläche mit angrillen.

2. Die Zuckerschoten in eine Schüssel geben, leicht pfeffern und mit dem Parmesan, der Zitronenschale und dem warmen Saft aus der gegrillten Zitrone vermischen.

SCHASCHLIK

FÜR 4 PERSONEN
ZUBEREITUNG: 1 STUNDE
SCHWIERIGKEIT: ✪✪✪

500 g Schweinenacken
2 EL Mayonnaise
1 TL BBQ-Gewürz
½ TL Senf
1 Gemüsezwiebel

EQUIPMENT
2 flache, mindestens 1 cm breite Grillspieße

1. Den Nacken in 3–4 cm große Würfel schneiden.

2. Die Mayonnaise, das BBQ-Gewürz und den Senf verrühren. Das Fleisch damit gut einreiben und 15 Minuten ziehen lassen.

3. Die Zwiebel in Spalten schneiden und abwechselnd die Zwiebelstücke und Fleischwürfel auf die Spieße stecken.

4. Die Spieße schräg zwischen die Grillstäbe klemmen und 40 Minuten bei etwa 180 °C grillen. Nach 30 Minuten die Temperatur auf 120 °C reduzieren.

SIZZLE
ZONE

NAPOLEON

FUMBLED EGGS

FÜR 8 PERSONEN ALS SNACK
ZUBEREITUNG: 30 MINUTEN
SCHWIERIGKEIT: ✪✪✪

4 Eier, in 8 Minuten hart gekocht (das Eigelb soll sich nicht verfärben)
1 TL frisch geriebener Parmesan
edelsüßes Paprikapulver
Salz
1 TL warme Butter
Schnittlauchröllchen zum Garnieren

1. Die Eier längs halbieren, das Eigelb herauslösen und mit dem Parmesan, je einer Prise Paprikapulver und Salz sowie der Butter zerdrücken und wieder in die Eier füllen.

2. Die Eierhälften mit Schnittlauchröllchen garnieren.

(FOTO SEITE 178)

ANANAS-TOMATEN-SALSA

FÜR 8 PERSONEN ALS DIP
ZUBEREITUNG: 15 MINUTEN
SCHWIERIGKEIT: ✪✪✪

1 Ananas
3 gelbe Tomaten (ersatzweise rote Tomaten)
1 rote Paprikaschote
1 gelbe Paprikaschote
½ Bund Koriandergrün, die Blätter geschnitten
2–3 Schalotten, fein gewürfelt
Saft und abgeriebene Schale von 1 unbehandelten Limette
½ Chilischote, von den Samen befreit und fein gewürfelt
2 Knoblauchzehen, durchgepresst
Salz
Pfeffer

1. Die Ananas schälen, den holzigen Strunk entfernen und das Fruchtfleisch in etwa 2 cm große Würfel schneiden.

2. Die Tomaten halbieren, das weiche Innere samt den Samen herauslösen und wegwerfen. Das Fruchtfleisch würfeln.

3. Die Paprikaschoten halbieren, die weißen Scheidewände und Samen entfernen und die Schoten würfeln.

4. Ananas, Tomaten und Paprika mit den restlichen Zutaten vermischen und die Salsa mit Salz und Pfeffer abschmecken.

CHILI CHEESE BALLS

FÜR 8 PERSONEN ALS SNACK
ZUBEREITUNG: 15 MINUTEN, PLUS 1 STUNDE ZUM KÜHLEN
SCHWIERIGKEIT: ✪✪✪

1 Handvoll geriebener Cheddar
250 g Frischkäse
1 Chilischote, von den Samen befreit und fein gewürfelt
Saft und abgeriebene Schale von 1 unbehandelten Zitrone
1 Schalotte, fein gewürfelt
1 TL Worcestersauce
1 Prise Salz
½ TL Senf
3–4 Spritzer Tabasco
100 g Haselnusskerne, fein gehackt

1. Alle Zutaten bis auf die Haselnüsse gut vermischen. Aus der Masse kleine Bälle formen und diese für 1 Stunde in den Gefrierschrank stellen.

2. Die Cheese Balls aus dem Gefrierschrank nehmen, in den Nüssen wälzen und zusammen mit Crackern oder Chips servieren.

LEMON-PARMESAN-DIP

FÜR 8 PERSONEN ALS DIP
ZUBEREITUNG: 10 MINUTEN
SCHWIERIGKEIT: ✪✪✪

200 g Sauerrahm
4 EL Frischkäse
Saft und abgeriebene Schale von 1 unbehandelten Limette
3 EL frisch geriebener Parmesan
1 TL Estragonblätter
2–3 Spritzer Tabasco
1 Prise Salz

Alle Zutaten gut miteinander vermischen.

30
20

3
4

FOOTBALL BROWNIE

FÜR 12 PERSONEN
ZUBEREITUNG: 1 STUNDE
SCHWIERIGKEIT: ✪✪✪

300 g Zartbitterschokolade
250 g Butter
4 Eier (Größe M)
250 g brauner Zucker
1 Prise Salz
200 g Mehl
50 g Kakao (ungesüßt)
1 TL Backpulver
Backspray zum Einfetten der Form

BUTTERCREME

1 Päckchen Vanillepuddingpulver
400 ml Milch
2 EL Zucker
250 g weiche Butter
50 g Puderzucker

EQUIPMENT

Football-Backform
(kann im Internet bestellt werden)

(FOTO SEITE 182)

1. Den Backofen auf 180 °C vorheizen

2. Die Backform mit Backspray einfetten. Die Schokolade in Stücke zerbrechen. Die Schokoladenstücke mit der Butter in einem Topf bei niedriger Temperatur schmelzen.

3. Die Eier, den Zucker und das Salz mit dem Schneebesen verrühren, sodass sich der Zucker auflöst. Die Schokoladenbutter vom Herd nehmen und sofort in die Eiermasse rühren.

4. Das Mehl, den Kakao und das Backpulver vermischen und dann zügig unter die Schokoladen-Eier-Masse rühren. Den Teig in die Form geben und glatt streichen.

5. Den Brownie im heißen Ofen etwa 25 Minuten backen. Der Brownie soll nicht ganz durchgebacken und im Kern noch feucht sein. Daher sind bei der Stäbchenprobe auch noch Teigspuren am Holzspieß. Den Brownie aus dem Ofen nehmen und auskühlen lassen, dann vorsichtig aus der Form lösen.

6. Während der Brownie abkühlt, die Buttercreme zubereiten. Das Puddingpulver mit etwas kalter Milch und dem Zucker anrühren und den Pudding nach Packungsanleitung mit der restlichen Milch kochen; vom Herd nehmen. Die Butter mit dem Puderzucker cremig rühren. Nun die Butter vorsichtig in kleinen Portionen unter den Pudding rühren. Immer so lange rühren, bis sie sich vollständig mit dem Pudding verbunden hat. Die Buttercreme abkühlen lassen, in einen Spritzbeutel füllen und den Brownie mit der Creme verzieren.

PFLAUMEN-MARSHMALLOW-SPIESSE

FÜR 12 PERSONEN ALS SNACK
ZUBEREITUNGSZEIT: 20 MINUTEN
SCHWIERIGKEIT: ✪✪✪

6 Pflaumen
6 Marshmallows
12 Minzeblätter
3 EL Zucker
2 Tüten Ahoi Brausepulver
12 kleine Pommesgabeln aus Holz (ersatzweise Holzzahnstocher)

1. Den Grill auf 150 °C vorheizen.

2. Die Pflaumen halbieren und entsteinen. Die Pflaumenhälften mit der Schnittfläche nach oben bei indirekter Hitze auf den Grill legen.

3. Die Marshmallows halbieren und jeweils eine Hälfte auf jedes Pflaumenstück legen.

4. Die Minzeblättter in einen Mörser geben, den Zucker hinzufügen und beides kräftig zerstoßen, bis der Zucker ein schöne grüne Farbe hat. Alternativ Minze und Zucker in der Küchenmaschine mixen.

5. Die Pflaumen so lange grillen, bis die Marshmallows weich geworden und über die Pflaumenhälften gelaufen sind.

6. Jede Hälfte mit einer Pommesgabel versehen, in den Minzzucker tupfen und dann mit Brausepulver bestreuen.

CHEDDAR PECAN COOKIES

ERGIBT ETWA 30 COOKIES
ZUBEREITUNG: 30 MINUTEN
SCHWIERIGKEIT: ★★☆

250 g warme, weiche Butter
300 g Cheddar, frisch gerieben
200 g Mehl
1 TL Cayennepfeffer
1 TL Paprikapulver
Salz
etwa 30 Pecannuss-Hälften

1. Den Backofen auf 200 °C vorheizen.

2. 3 TL von der Butter abnehmen und schmelzen lassen. Die restliche Butter in der Küchenmaschine mit dem Cheddar und der Hälfte des Mehls verrühren. Das restliche Mehl zusammen mit dem Cayennepfeffer, dem Paprikapulver und einer Prise Salz untermengen.

3. Den Teig auf eine bemehlte Fläche geben und knapp 1 cm dick ausrollen. Runde Plätzchen von etwa 5 cm Durchmesser ausstechen, mit der geschmolzenen Butter bestreichen und jeweils einen halben Pecannuss-Kern leicht hineindrücken.

4. Die Cookies etwa 20 Minuten backen, bis sie hellbraun sind.

GEGRILLTE FRUCHTPLATTE

FÜR 4 PERSONEN ALS DESSERT
ZUBEREITUNG: 30 MINUTEN
SCHWIERIGKEIT: ✪✪✪

½ Ananas, vom harten Strunk befreit und in 1 cm dicke Scheiben geschnitten
1 Birne, vom Kerngehäuse befreit und in Scheiben geschnitten
6 Pflaumen, halbiert und entsteint
½ Cantaloupe-Melone, vom faserigen Inneren samt Samen befreit und in Scheiben geschnitten
1 Pfirsich, entsteint und in Scheiben geschnitten
1 Apfel, vom Kerngehäuse befreit und in Scheiben geschnitten

200 g Crème fraîche
200 g Zucker
100 ml Zitronensaft
1 Bund Minze

1. Den Grill auf 150 °C vorheizen. Die Fruchtstücke ringsum je nach Stärke direkt angrillen, bis sie hier und da Röststellen bekommen.

2. Die Crème fraîche in eine Schüssel geben, 2 EL Zucker und den Zitronensaft hinzufügen und alles gut verrühren.

3. Die Minze mit dem restlichen Zucker im Mörser zerstoßen.

4. Das Fruchtfleisch dekorativ in eine Form schichten. Die Crème fraîche und den Minzzucker darüberträufeln und die Fruchtplatte servieren.

NAPOLEON
Red Spirit
NAPOLEON
3
4
NAPOLEON
CHEF'S probe
20.1
°C
I Football
Microplane
NAPOLEON

REGISTER

DANK

Der angenehmste Teil beim Schreiben eines Buches ist, all den Menschen, die bei seiner Verwirklichung geholfen haben, seinen Dank auszusprechen.

Dank an den Christian Verlag, an die Mitarbeiter, die an meine Idee geglaubt haben, das erste deutschsprachige Football-Kochbuch herauszugeben, und an NAPOLEON GOURMET GRILL (www.napoleongrills.de). Im Laufe meiner Karriere habe ich schon auf vielen Grills diverser Hersteller gegrillt. Seit einigen Jahren grille ich auf Geräten von Napoleon und bin damit sehr zufrieden. Die Firma fertigt qualitativ hochwertige, innovative und funktionale Produkte.

Ein Dankeschön den New Yorker Lions Braunschweig für die Unterstützung und die Möglichkeit, Fotos rund um das Spiel machen zu können.

Dank auch an die nette Lektorin Frau Anja Ashauer-Schupp, die es geschafft hat, aus Football-Nerd-Wissen, jeder Menge Grammatik- und Rechtschreibfehlern meinerseits und Rezepten mit komischen Namen ein lesenswertes Buch zu machen.

Auch der Fleischerei Fessel gebührt Dank. Die Fessels sind ein innovativer Traditionsbetrieb mit Charme. Metzger Fessel ist »mein Fleischer des Vertrauens«. Oder anders ausgedrückt: »Freunde dich mit deinem Fleischer an, dann bekommst du auch gute Ware!«

Danke an SK Leasing: Aus einer aus der Schulzeit kommenden Freundschaft wurde in kreativer Zusammenarbeit mit Kathrin und Stephan ein erfolgreiches Team, welches mir seit Jahr und Tag partnerschaftlich zur Seite steht.

Dank auch an das Team des Fotografen Dirk Tacke und seiner Frau Brigitte. Es waren harte Tage am Set, aber wir hatten viel Spaß, und es sind tolle Bilder geworden.

Ein großes Dankeschön geht an meine Familie, die mich während der letzten Jahre immer mit Rat und Tat unterstützt hat.

Danke Lotti und Helmut

IMPRESSUM

Produktmanagement: Sonya Mayer
Textredaktion: Anja Ashauer-Schupp
Korrektur: Franziska Sorgenfrei
Layout und Satz: Silke Schüler
Umschlaggestaltung: Werbeagentur ZERO, München unter Verwendung eines Fotos von Dirk Tacke
Repro: LUDWIG:media, Zell am See
Herstellung: Barbara Uhlig
Text und Rezepte: Andreas Rummel
Fotografie und Styling: Dirk Tacke
Foodstyling: Brigitte Tacke
Fotoassistenz: Clarissa Nill

Printed in Germany by Appl aprinta

Unser komplettes Programm finden Sie unter

www.christian-verlag.de

Alle Angaben dieses Werkes wurden vom Autor sorgfältig recherchiert und auf den neuesten Stand gebracht sowie vom Verlag geprüft. Für die Richtigkeit der Angaben kann jedoch keine Haftung übernommen werden.

Die Deutsche Nationalbibliothek verzeichnet diese Publikation in der Deutschen Nationalbibliografie; detaillierte bibliografische Daten sind im Internet über http://dnb.d-nb.de abrufbar.

ISBN 978-3-95961-005-6

★★★★★

Sind Sie mit diesem Titel zufrieden? Dann würden wir uns über Ihre Weiterempfehlung freuen. Erzählen Sie es im Freundeskreis, berichten Sie Ihrem Buchhändler oder bewerten Sie bei Onlinekauf. Und wenn Sie Kritik, Korrekturen, Aktualisierungen haben, freuen wir uns über Ihre Nachricht an:

Christian Verlag
Postfach 40 02 09
D-80702 München
oder per E-Mail an lektorat@verlagshaus.de

Wenn Ihnen dieses Buch gefallen hat, empfehle ich Ihnen außerdem »Meister am Grill«, »Die hohe Schule des Grillens« und »GRILLEN«.

Ihr Andreas Rummel

Bildnachweis

Alle Fotos stammen von Dirk Tacke mit Ausnahme von: Seite 7: Andreas Rummel privat; Seite 14 (linke Spalte Mitte): Shutterstock / Justin Michael Mountain; Seite 14 (linke Spalte unten): Shutterstock / Locke Photography; Seite 14 (rechte Spalte Mitte): Shutterstock / Ruth Peterkin; Seite 18–19: Terrell Lloyd; Seite 22: Shutterstock / Jeff Bukowski; Seite 24 (links unten): Houston Texans

Ebenfalls erhältlich ...

ISBN 978-3-95961-006-3

ISBN 978-3-86244-977-4

ISBN 978-3-95961-005-6

ISBN 978-3-86244-213-3

CHRISTIAN

www.christian-verlag.de